보현대시선51

국보시문학대학원 동인시집 제1호

詩가 흐르는 향기

최수연
박희균
유경희
정병욱
나애순
윤다솜
조현철

도서출판 국보

국보시문학대학원 동인시집 제1호

詩가 흐르는 향기

초판 인쇄 2012년 03월 26일
초판 발행 2012년 04월 01일

지은이 최수연 외 6명
펴낸이 임수홍
편집디자인 윤영숙
발행처 : 도서출판 국보
주소 : 서울시 강동구 길동 395-3 2층
전화 : (02) 476-2757~8, 7260
FAX : (02) 476-2759
카페 : http://cafe.daum.net/lsh19577
E-mail : kbmh22@hanmail.net

값 10,000원

ISBN 978-89-93533-27-9 03800

• 본지는 한국간행물윤리위원회 윤리 강령 및 실천 요강을 준수합니다.

님께 드립니다.

발간사

시문학대학원 원장 | 임수홍

새로운 생명들이 잉태하는 3월에 국보시문학대학원 제3기 원생들이 그동안 갈고 닦은 작품들을 모아 첫 번째 동인시집 '詩가 흐르는 향기'를 펴냄을 진심으로 축하드립니다.

그동안 국보시문학대학원은 2009년 10월 14일 김용오 한국문협 시 분과 회장을 지도교수로 위촉하여 제1기 주간반(오전 10시~12시)에서 황범순 시인 등 11명, 2010년 3월 24일 제2기 야간반(오후7시~9시)에서 강병숙 시인 등 6명이 열정적인 詩창작의 길로 들어섰습니다.

2010년 4월 21일, 제1기 주간반 수료식을 마쳤으며, 2010년 8월 1일부터 2일까지 경기도 안성 송하산방에서 제1기, 2기 원생들이 참석한 가운데 합동 '문학포럼'을 개최하였고, 2010년 10월 6일 제2기 야간반 수료식을 마쳤습니다.

2011년 4월 13일 성기조 한국문협 명예이사장을 지도교수로 위촉하여 제3기 주간반을 개설하여 최수연 시인 등 8명이 현재 1년 과정의 수업을 받고 있습니다.

성기조 박사님은 수업 시간에 해박한 한국 문학에 대한 자세한 설명으로 원생들이 시를 이해하는데 많은 도움을 주면서, 다양한 방식으로 수업을 하여 원생들의 창작에 대한 욕구를 높이고 있습니다.

원생 여러분…

하나의 원석이 보석이 되는 과정은 끊임없이 갈고 닦는 수련의 과정을 거쳐야만 합니다. 국보시문학대학원 여러분들도 이런 성숙된 과정을 거쳐 한국문단의 큰 디딤돌 역할을 할 것을 당부하면서, 빠른 시간 내에 제2의 동인시집이 출판되길 기대해 봅니다.

축사

시문학대학원 동기 | 최수연

아픔과 상실에 방황하고 있는 이 땅에 문학의 향기가 흐르도록 내면의 자신감과 아름다운 감성을 표출해 낼 수 있도록 지도해 주신 성기조 박사님, 대한민국 문학의 발전을 위하여 헌신하는 임수홍 원장님, 늘 사랑으로 기쁨 주시는 국보시문학대학원 3기 동료 여러분께 먼저 깊은 감사를 드립니다.

저는 요즘 이런 생각을 자주하곤 합니다.
행복을 말로 다 표현할 수 있을까?
아니 말로 다 표현하지 못하는 사람들은 얼마나 될까?

행복이란 단어 앞에 너무도 많은 질문을 늘어놓을 수 없는 현재를 살아가는 사람들을 위해 너무도 부족해서 행복이 어떻게 생겼는지 몰랐던 한 사람이 감히 이렇게 말합니다.

짧다면 짧고, 길다면 길었던 1년의 여정 속에서 그저 평범한 강사였던 내게, 인생을 글로 쓰고, 경험을 이야기하며, 우리들 주변의 이야기를 담아 미래의 인생에 詩라는 멋진 글로 그림을 마음껏 그릴 수 있는 시인이란 단어만 떠올려도 저절로 가슴 벅찬 감동이 밀려옵니다.

나의 짧은 경험이 지금의 나를 멋진 시인으로 만들었듯이, 마음의 고통과 상처받는 사람들에게 앞으로 시를 통하여 행복과 희망의 메시지를 전달해 주고 싶습니다.

감사합니다.

최수연의 향기

CONTENTS

박희관의 향기

유경희의 향기

CONTENTS

정병욱의 향기

나 애 순의 향기

윤 다 솜의 향기

CONTENTS

합동시집 작품해설

최수연의 향기

최수연

現)한국글로벌리더십교육신문 발행인
한국글로벌리더십교육협회대표
한국글로벌평생교육원장, 한국 강사은행 부총재
한국 강사은행 지도교수
국제웃음치료센터 하남 지부장
사)대한민국국보문학협회 사무국장, 한국문학신문 기자
송파구청소년 전임 교육강사, 해피송파봉사단 웃음 전임강사
시인(월간 국보문학 시부문 신인상 수상)
松柏(송백)동인 회장
전문 강의 : 웃음치료/펀리더십/레크레이션/학교폭력예방
실버레크댄스/청소년 자원봉사 전문강의

봄의 노래

꽃바람이 불어오고
꽃비가 촉촉이 내리는 봄
발 밑엔 새싹이 돋는다

나뭇가지 움트고
꽃망울이 수줍은 듯 맺히고
졸졸졸 흐르는 도랑물 소리에
놀라 빼꼼히 고개 내민 버들강아지

봄은 언제나 희망의 향기 내 뿜고
그 향기 맡고 싶어
산과 들을 걸어 가네.

봄 동산

아지랑이 잠을 깨우고 따뜻한 햇살위로
살랑 살랑 봄바람이 지나간다

하얀 꽃 앉았다 간 자리에
연두 빛 곱게 단장한 나무들이
하늘을 떠받들고 서있다

불어오는 바람에 몸을 맡긴 체
연분홍 진달래
흔들흔들 춤을 추고

잠 설친 산새들이
눈비비고 일어나
계곡 물 소리에
장단 맞춰 노래 하네

아름다운 푸른 꿈 하늘에 펼치며
오늘도 봄 동산 축제를 연다.

미사리 강가

해가 지면
나는 미사리 강가에 간다
달빛 받아 반짝이는
은물결 따라
한강 둑을 걸으면

개구리 노랫소리
활짝 핀 달맞이꽃이
발길을 멈추게 한다

미사리 한강에는
물위에 구름이 뜨고
바람이 살랑이며
물 너울을 만든다.

도시의 밤

검푸른 물감 풀어놓은 듯
어둠이 내리는
도시의 밤

밤이 깊어 갈 수록
사방은 온통
가을 단풍처럼 물들어 간다

사람들은
서로의 어깨에 기대
그칠 줄 모르는
넋두리 한 사발씩 토해낸다

가시에 찔린 것처럼
새벽 바람은
아리기만 한데

6월의 장미

유월이 오면
붉은 정열로 태어난 당신

내 그리움이 바래질 쯤
뜨거운 햇살에 타는 줄 모르고
당신은 내 곁에 서 있습니다

숨 막힐 듯 붉은 유혹에
몰래 꺾어 주다 들킨
나의 첫 사랑 같은 당신

가시같이 아프고도 진한 사랑으로
내 가슴속에 자리한 당신
어느새 붉은 입술로
노을마저 물들이고
눈부시게 서 있습니다.

경포대에서

바다가 그리워
해안 길 따라 걷는다
하늘 높이 나는 갈매기가 눈에 들어앉고
파도소리 간지럽게 귀를 긁는다

가슴속까지 시원한
바닷바람이 불어온다
여기저기 젊은이들 정열을 불태우고
모터보트 신나게 물살 가르며 달릴 때

즐거운 비명소리 함박웃음 짓고
어느새 허기진 배 움켜잡고
맛 집 찾아 400년 전 순두부
단숨에 먹어 버린다

바다는 해를 삼키며
오고갔던 수많은 사람들 얘기를 들려준다
따닥따닥 수줍게 붉은 모닥불 대신
현란한 폭죽소리 요란하지만
기울어가는 경포대 바다는
여름밤에 잠 들었다.

가을 여행

가을 하늘 빛
넘실거리는 햇살에 안기어
떠나는 가을 여행

한적한 산사
오솔길 걷다보니
실크처럼 스쳐 가는 가을 바람
사각사각 억새풀 부딪치는 소리
솔 향기에 취해

일상의 어둠을
하늘하늘 날개달아
훨훨 날려 보낸다

어느덧
산등성이에 걸린 붉은 노을
가을 속으로 빠져들고
아름다운 별무리 밤하늘 수놓은
타향에서 느끼는 즐거움이
나를 들뜨게 하네.

사랑의 못

휘어져 어렵게 뽑힌자리 흉하지만
세월속에 흘러가고 묻혀져
상처는 아물어 갑니다

아직 뽑아내지 않은채
혼자 거두고 담으며
무거운 하루 하루를 보냈습니다

간절히 두손 모아 고백성사를 합니다
나만 못 자국이 많은 줄 알았는데
네가 더 많을 줄이야

먼저 다가가 빼주고 싶었는데
“엄마 죄송해요
제가 정말 잘 못 했어요
그리고 사랑 합니다.”

생일날 작은 선물과 함께
씌여진 짧은 편지
울컥한 맘 속으로 삼키며 소리없이 울었습니다

못본체 숨겨 놓은 나는 부끄러워 집니다
사랑의 못 하나가 쏘옥
고개를 내밀었기 때문입니다.

낙엽의 알몸

깊은 산자락
해마다 때를 따라
아름다운 모습으로
우리 곁에 다가온 너!

바스락 바스락
그리운 소리
수북이 쌓여 있던 숲으로
발걸음 재촉한다

바람이 지나가며 사알짝 건드리니
이불 되어 주던 낙엽이
알몸을 드러내며
흩어져 버린다

흔적 없이 사라지는
아쉬움 때문일까?
밤새 내린 비에
낙엽은 촉촉이 젖어 있었다.

어느 비오는 날

유리창 두들기는 소리에
새벽잠에서 깼다

가로등 불빛에 비친
앙상한 가지에 매달린 잎새 하나
비바람에 몸부림친다

쓸쓸함이 묻어나는
낙엽 진 거리에
겨울오는 소리가 들린다

찬기에 옷깃을 여미며
한 해의 남은 날들이 아쉬운듯
빗 소리가 가슴을 적신다.

고목

청아한 풍경소리 그리워
홍천 수타사 가는 길
마음이 숲과 하나 되어
고즈넉한 산길 걷는데

징검다리 아래
고목에서 떨어진 나뭇잎들이
마른 목을 적신다

바람이 새겨 놓은 자리마다
산골짝
골 깊은 주름처럼

홀로 수백 년을 살았어도
차마 놓아두고 돌아설 수 없는
세월의 흔적을 쏟아내고 있다

불거진 뼈 상처 난 자리 서글프지만
고목 겨드랑이 사이 지고 돋는 푸른 이끼
넉넉한 마음 담아 오가는 이 친구 되어 주고

늙은 시간을 품에 앉은 체
진한 봄꽃 기다리며
고풍스럽게 우뚝 서있었다.

눈

회색빛 하늘이
깊은 정막을 몰고 온다

앙상한 플라타너스
하늘 향해 두 팔을 치켜든채
시립디 시린 바람에
가슴까지 얼어 버렸다

허공에 몸을 던진 잎새
찬서리에 묻히고
하늘에 떠돌이 별
눈뜬 체 잠드는 날
꿈을 꾸듯 눈이 내린다

따뜻한 이불되어 주려고
꿈을 꾸듯 하얗게 눈이 내린다.

일몰

수평선 저 끝에 걸쳐있는
홍감 빛 노을

귀가를 서두루는
한무리의
괭이 갈매기떼

포구에서 졸고있던 어부가
그물을 던지려는 찰나
바다는 온통
먹빛으로 덮여 버렸다

가르륵 가르륵
배고픈 괭이 갈매기떼
한줌 남은 노을 빛을
먹어 버렸나보다.

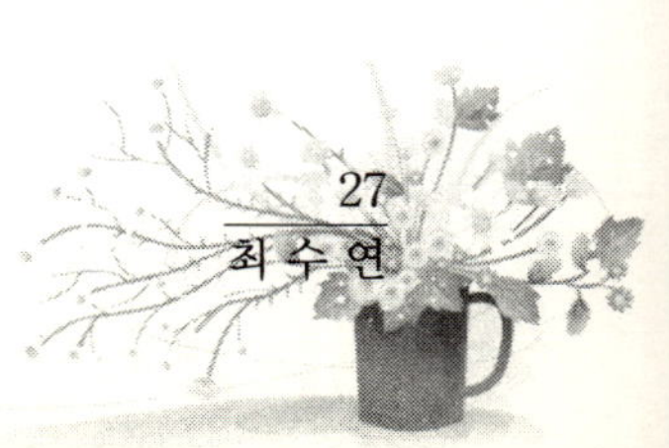

행복

자연의 풍미를 느끼며
시의 아름다운 언어를 갖게 해준
스승님이 있어 행복 합니다

지치고 힘들 때 온기를 불어 넣어 주시며
미래를 보게 해주신
스승님이 있어 행복 합니다

부족함을 풍성한 지식의 열매로
가득 채울 수 있게 해주신
스승님이 있어 행복 합니다

기쁘거나 슬플 때에도 사랑이란 이름으로
배려의 마음을 갖게 해주신
스승님이 있어 행복 합니다

사는 동안 사람냄새 가득 채우며
고마움과 즐거움의 선물을 가르쳐 주신
스승님이 있어 행복 합니다

순수함을 잃지 않으며
열정을 가지고 살라 하신
스승님이 있어 행복 합니다

내 인생의 삶에서 새로운 희망으로 다가와
훈훈한 가르침을 듬뿍 주신
스승님이 있어 행복합니다

언제나 푸근하고 인자하신 미소로 반겨주며
꽃보다 더 아름다운 마음을 가지신
스승님이 있어 행복 합니다.

박희균의 향기

박희균

시인(월간 국보문학 시부분 신인상 수상)
바빌런 코리아 실장
아이맥 원장
월간 국보문학 회원
松柏(송백)동인 부회장
국보시문학대학원 재학 中
순천향 대학원 석사 中
(사)대한민국국보문학협회 총무국장

새봄을 꿈꾸며

늘
봄은 오고

사람들은 그 봄을
꿈꾼다

희망
사랑을 기다리며

봄은 사람들 가슴 가슴에
푸른 새싹과 꽃으로 피어나고

새들도 봄을 기다리며
고운 목소리로 봄소식 전해주려고

그렇게 새로운 봄이
산과 들에 꽃이 피어나기를
꿈꾼다

그 봄을 기다리며

가을

계절이 떠나고 있다
나뭇잎마다 깊은 사연을 안고

하나의 추억과 외로움
하나의 쓸쓸함과 고통을 안고

저마다의 그리운 사연들을
낙엽에 실어 떠나보낸다.

똑같은 삶

태어나고 죽음까지
가슴하나 하늘하나
무지개 속에 갇힌 채

가진 것은 있는 것이
될 수 없고

내 것이 아닌 목숨
흐르는 시간
누구도 잡을 수 없음을

사랑

어제는 심장까지
주고픈 사랑을 했는데

밤사이 우르릉 쾅쾅
천둥 벼락이 지나갔다

태풍이 지나
호수로 변해 그 사랑이
또 그렇게 건너갔다.

저 너머의 꿈

어디로 가자하는가
나의 몸짓과 생각이
강물에 실린 꽃잎처럼

꿈과 희망 찾아
여행을 떠나자 하는데

상상 속에 있는 것은
언제나 멀어서 아름답게만 느껴지고

새장에 가두어둔 마음
기다리던 모든 것이 다가와도

허무를 더해 고독에 눈물만 짓고
저 너머 하늘만 그리워하는데

어디로 가자하는가
나의 마음은

우리 사이

말하다
다른 차이를 느껴
미소가 빠진 어색한 침묵

양념에 덜 버무려진
김치처럼 맛이 없어진
우리 사이

그래도 모자란 양념을
더 넣어 맛을 내야지

우리 사이

나에게

나는 나에게 마술로
하루를 연다
예쁘다고 예쁘다고
괜찮다고 잘할 수 있다고

말을 하는 동안
마음은 풍선을 탄 것 같다

주변에 있는 모든 것들에게
고맙다고 행복하다고
말하는 동안 나는
더 예뻐 보이고
마음은 꽃물이 든 것 같다

얼굴은 해바라기가 되어
환하게 웃으며
나의 하루와
친구가 되어 본다.

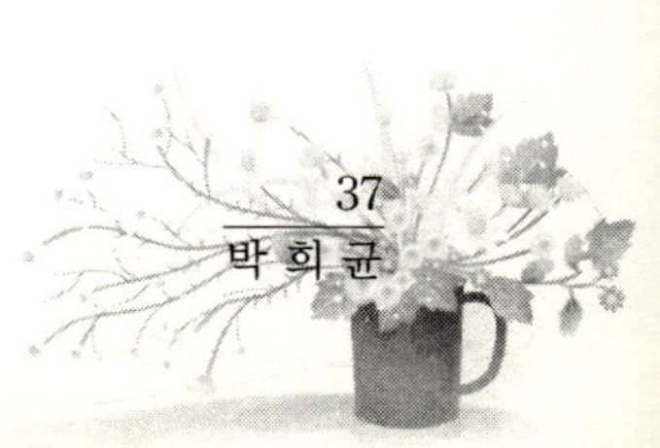

바다

끝이 보이지
않는 바다

흰 구름이
뭉게뭉게
피어 있는 하늘
그 밑에 누워있는 바다

그리움에
몸부림치는 저 먼 바다

긴긴 세월
서러움에 멍이 들어
울먹이는 바다

스케치

나는
밤을 사랑한다

한 잔의 커피는
사색의 세계로
들어가게 하고

잃어버린 내가
나를 생각하게 하고

밤이 깊어 갈수록
슬픈 시와 같은
사랑은 깊이 깊이 빠진다

별빛과 함께 고요히 흐르는
밤은 달콤한
자유를 꿈꾸게 한다.

겨울 그리고 봄 여름 가을

새로운 생명을
탄생시키기 위한
준비라고 겨울은 가르칩니다

겨울이 와 하얀 눈이
이불 되어 주고

봄이 찾아와 새들과
꽃이 친구 되어 주고

뜨거운 태양속
푸른 바다를 그리며 떠나는 여름

무지개 옷을 입는
가을은 행복해집니다.

난 아직도 꿈을 꿔도 되나요

저 하늘에 햇님과
달님이 하나씩 있듯
내 별도 하나쯤 있었으면 좋겠네

어릴 적 읽었던 동화 속처럼
아직도 나는 꿈을 꾸네

그 별 속에서
신데렐라가 되어 보고
잠자는 숲속의 공주가 되어 보네

그 꿈에서 깨고 싶지 않아
그 별속에서 떨어지고 싶지 않아
상상 속에서
아직도 나는 꿈을 꾸어 보네.

봄비

그대
긴긴 겨울을 보내고
따듯한 소식가지고
봄비로 오세요

내 가슴까지 적셔주는
그대 사랑
아쉬움 없도록

봄비로 그렇게 오세요.

눈썹달

욕심이라고
웃고 있다

쉬어 가라고
웃고 있다

사람 사는 모습은
비슷하다고
웃고 있다

하늘도 친구 되어
웃고 있다

웃고 있다.

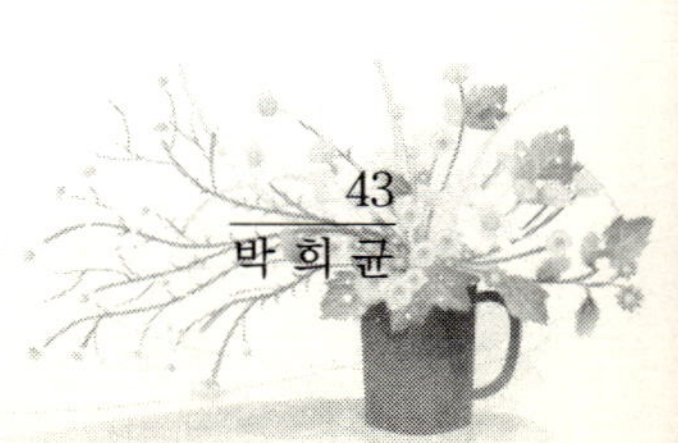

그대와 함께

그대를 만나던 날
첫 느낌이 편했습니다

그렇게 나의 사랑은 잔잔한
호수처럼 찾아온 손님이 되어

그대와 함께 보낸 시간들이
즐거움과 설렘으로 사랑도 커져가고

그대의 착한 눈빛 거짓없는
웃음 격식이나 체면을 내려놓고
감자탕을 즐기고
칵테일 사랑을 키워가며

오랜 세월 함께한 만큼
얼굴도 습관도 닮아 버린
우리 사랑

삶속에 들어와 나 아닌
또 하나의 내가 되어
그대를 만난 것을 내 삶의 축복이라고

내가 살아갈 이유가 되어준 그대에게
행복의 시간을 선물해주는

아름다운 신부의 모습으로
마음의 태양이 다하는 날까지
그대를 사랑하겠습니다.

비 오는 날엔

커피의 향이
그리움을 보낸다

그 향기 속에
네가 있고

아련한 옛 추억들이
한 폭의 그림으로 나타난다

눈물 같은 비를 맞고
가슴 속에는 잊어야 할
네 모습이 가득 채워진다.

세월

청춘은 아픈데
세월은 같이 가자하네

지나간 일
뒤돌아 보지 말고
앞으로 가라하네

강물위에 드리워진 낙조

나와 같이 가자하네.

유경희의 향기

유경희

시인 · 수필가
월간 국보문학 회원
松柏(송백)동인 감사
궁중복식연구회 · 세계문화, 예술 교류협회 회장
國香 의상연구회 · 國香茶 성인교육원 원장
국제로타리 3650지구 이사
前)한국여성경제인 연합회 이사
前)아리랑 월드컵 축구 응원단장
국보시문학대학원 재학 中

달빛 흔적

전등을 끄자마자
창가에 쏟아지는 달빛

내과 병동 하얀 침대
잠에 들지 못하고
상처를 어루만진다
살기 위한 평소의 기도방법도 이젠 잊어 버렸다

무아지경 속 내 영혼은
굼벵이처럼 기어 간다
몽롱한 의식 속에서 깨어났을 때
산소 호흡기를 달고 있었고
코에도 생명줄이 가득하다

엄벙덤벙 살아온 나를
신께서는 버리지 않으시고
다시 좋은 일 많이 하라고
수술대 위에 놓고 바라보신

근사체험이란 선물로 후려쳐서 내동댕이쳤다
“내가 죽었구나. 내 삶이 끝이다.”
라는 의식이 있은 후… 나는 없었다

저 달빛의 힘으로
쓰러진 이 몸을 소생할 수 있다면
그 빛으로 내 몸에 들어있는
나쁜 물을 말릴 수 있다면
밤새껏 홑이불도 덮지 않을꺼야

내가 조용히 잠들었을 때
외계인이 찾아와도 좋아
그 빛으로 지구 위
모든 생명을 살릴 수 있기를 소원하며
신께 복종의 기도를 올리리라

새벽 세시 사십분
놀람의 시간
“X-레이실로 가야합니다.”

투박한 휠체어 아저씨 소리가 들린다
그 빛은 나를 떠나버렸다.

2011년 8월 23일
강남성모병원 15F 206호실에서-.

*글쓴이 병명 : 급성심부전증 - 심장이 붓고 심장과 폐에 복수가 차서 등을 뚫고 빼어내는 12일간의 치료, 입원 중 병실에서 쓴 글임.

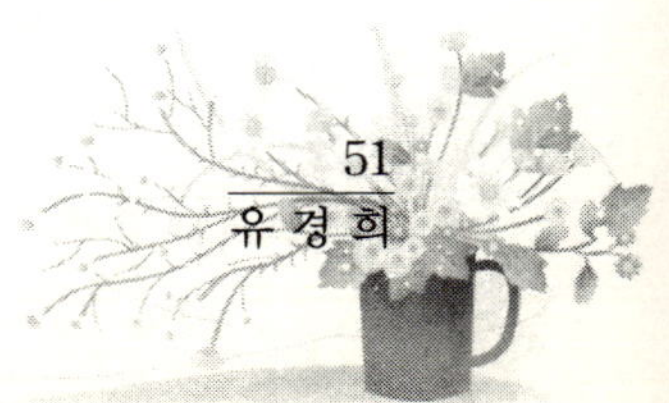

봄이 오는 길목에서

프랑스「니스」에서 친구가 보내준 소포
겨울 외투 벗기듯 열어 보니
봄빛 스카프가 방긋 웃는다

복사꽃 봄 향기 가득한 쪽지 한 장
"삼월 이십오일 서울에 갑니다."

맛깔나는 수필을 쓰는 친구
"수필은 자기표현이야,
그리고 솔직하게 쓰는 거야."

서투른 풋내기에게 100편이 넘는
수필 CD모음을 주고 간 글벗
이제 겨울잠을 깨 듯 조금씩
발돋움하는 내게 좋은 친구다

우수(雨水)의 땅 기운이
대지 위에 뿌옇게 풍겨오는데
봄 앓이가 오지 않도록
이 마음 다시 내 가슴에 잡아두고
제비 노정기 따라가는 외로운 길이지만
봄 오는 길목을 달려가고 싶다.

---

*니스 : 프랑스의 남쪽 지중해 연안에 있는 휴양도시
*제비 노정기 : 판소리 흥보가의 한 대목인데 제비가 보은표 박씨를 물고 흥보네 집으로 가는 여행경로를 그린 고종 때 서편제의 명창인 김창환의 더늠으로 알려져 있다.

오슈비엥침(Oswiecim) 강제수용소

아우슈비츠(Auschwitz)에
눈물이 폭포처럼 내린다
신의 자손들
그 귀한 생명들 수백만이
가스실에서 죽어갈 때
정의도 사라졌고
위대한 신은 잠자고 있었다

상상할 수조차 없는 통곡의 역사
아우슈비츠 땅
저주의 땅, 인간도살장
한(恨)을 안은 영혼이 통곡한다

지존하신 천주여!
죽은 생명들을 위로하소서!
검은 까마귀 하늘에서 까악 까악
검은 나비들이 수없이 하늘에 날아오른다
모두모두 천국 본향으로 인도하소서!

2006년 7월 4일
2006년 독일 월드컵 개최시 남 폴란드를 다녀오며...

---

*제 2차 세계대전 중 독일 최대의 강제수용소이자 집단학살수용소가 있던 곳. 그 아우슈비츠를 오슈비엥침이라 부른다. 독일 히틀러의 만행은 세계 역사 앞에 용서될 수 있을까?

스티브 잡스(Steve Jobs)

인터넷 대명사[잡스:Jobs]
그는 떠나갔다
세계 안 컴(com) 속 괴물들이 통곡한다
세상의 뭇 생명들의
정보를 훔쳐간 사나이...
그가 떠나고
도둑들의 심판도 끝이 났다

그는 암으로 죽어가면서도
얼마 남지 않은 시간을 아끼려고
밤새도록 일만 했다

생명들 안에 10억 개의 괴물들이
춤을 추고 괴성을 지른다
270개의 언어들이 피투성이가 되어
바벨탑을 허물고 있다

괴물들의 바다
광란의 춤은 계속 되고
세계의 종말을 앞에 두고
재앙을 쏟아내는데
자기도 성공했다고 지껄여 댄다

"Stay hungry! Stay foolish!
자기가 하고자 하는 일에 빠져라!
가난한 것 배고픈 것 생각지 말고
자기가 좋아하는 것을 하며 살아라!"

그러나
그 소리를 괴물들은
귀가 막혀 들을 줄 몰랐다

자기 암 걸린 줄도 모르고
일만 열심히 한
스티브 잡스가 죽어
누워있는 그 집 앞에
썩은 사과들이 수북이 쌓여있다...

2011년 10월 7일

---

*스티브 잡스(Steve Jobs) : 미국 애플사(社) 창업자. 그는 애플의 CEO로서 아이폰, 아이패드를 출시, IT업계에 새로운 영향을 전 세계에 주었다.
그는 세계 지혜자들에게 많은 칭송을 받았다. 생전에 크로아티아의 수도(중부유럽) 자 그레브를 즐겨 찾아 휴양하였다. 2011년 10월 5일 향년 56세로 사망하였으며, 캘리포니아 주 팰러앨토시 알타메사 메모리얼파트에 안장됐다.

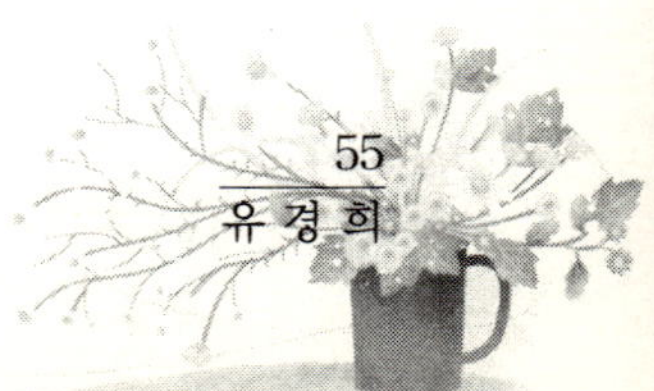

태산등반

지구만큼 거대한 몸뚱이 태산(泰山)
해발 1750m의 등반행
780계단 회색빛 케이블카 옆 골짜기 숲속에
청솔 백송 적송이 울창하고
단풍나무 숲이 장관을 이룬다
신선한 공기와 이름 모를 풀꽃들이 반가며
외로운 나를 맞는다

태산처럼 크게 되어라
태산처럼 큰마음의 내공을 품으며
남은 인생 전래전통문화를 전하며 살리라

세계 인류 평화 번영을 위하여
태산처럼 말없이 살면서
풀꽃 뜯어 손톱에 물들이고
아리따운 산새에게 자랑하고
꽃으로 전을 부쳐 산신께 바치리라

태산 아래 있는 태안광장
웅장한 용기둥 즐비하고

역대 왕들이 찬란한 권좌를 자랑하고
천하의 빛들이 광채를 발하며
공자님의 탄신을 기원한다

천상의 소리
천상의 무희
찬란한 가능성을 쏟아 붓는다
여러 나라에서 온 VIP들
늦은 밤 시간가는 줄 모르고
공자를 생각한다

공자님!
당신은 이미 동양을 한손에 준 지혜의 왕
성인이셨습니다
당신이 말씀하신 인(仁) 의(義) 예(禮) 지(智)와
학이시습지 불역열호(學而時習之 不亦說乎)를
가슴에 안고 실행하고 있습니다
살아가는 지혜를 제시하시어
우리 작은 마음과 정신을 잡아주셨습니다

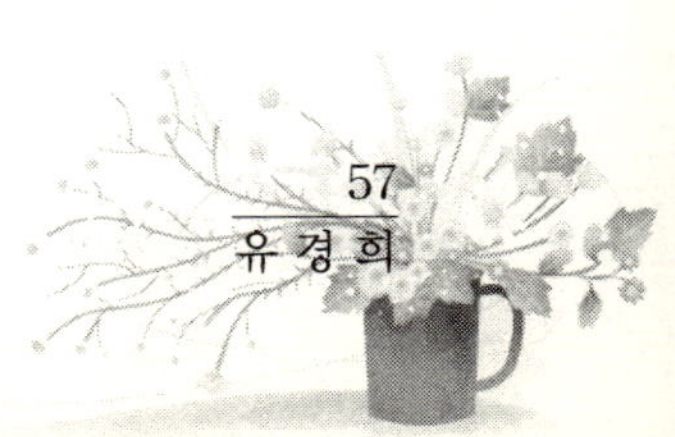

위대하신 공자님!
세계 속에 억울하고 굶주리는
생명들 어찌하오리까?
모두모두 보살펴 주옵시고
지혜를 갖게 해 주시옵소서!

2006년 9월 7일
(태산을 내려와서...)

---

*공자탄신일 : 해마다 중국 태안시에서 [공자탄신축제]로 태산등반대회와 기타 여러 축제가 있다. 국향예술회(유경희 회장)는 2006년 9월 5~10일까지 행사를 특별 초청받아 참여하여 태안광장에 [대한민국 전래전통왕가복식전]을 3회 개최하였다. (현지 태안방송국 보도, 특별인터뷰와 신문 보도함)

차인(茶人)의 하루

국향다원(國香茶院) 입구
무쇠 차화로(茶火爐) 옆 정결한 돌그릇에
수세하고 좌(坐)하고 앉아
차도인의 선(禪)을 추구한다

감미로운 왕(王)의 녹차
무궁화차의 중후한 맛과 향
산들국화의 향기
죽로차의 대나무 향(香)
등황색 엷은 홍차의 시큼한 맛과 낙엽향
새큼한 맛과 열매향의 오미자차
복숭아(白挑) 차의 달콤한 향
갈대향의 백산차
산꽈리차의 단풍향
광운공병 보이차의 깊은 감자향
초기 광운의 먼지향
고미차의 풀잎향
유라차의 산초백합향

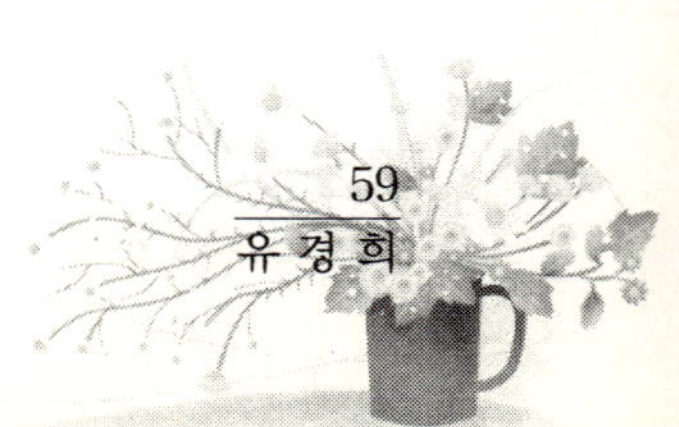

경정녹설차의 아스팔트 갈라진 곳에서 나는 향
무이 4대 명차 중 상큼한 백계관
차향과 차화, 묵적의 화(和)의 조화
대선사에서 다성(茶聖)을 완성하신
초의선사(草衣禪師)님의 혼(魂)을 찾아
두륜산 골짜기 일지암으로 가서
무량심(無量心) 담아오고 선암사 대호스님의
무상무념(無想無念) 수행 또 얻으며…
효월 제다 제주 섬의 발효차를 접하며
그 향에 취해 바다 물결 위에 눕는다
옆자리 정다운 차우(茶友)와 유유히 흐르는 해안 포석정에
잔 띄워 느리지 않는 차의 정서 음미하며…
하늘의 별마음 자연 안에 꽃풀 마음으로
향화(香花)를 둘러 놓고 우주 생명(生命) 에너지에 취한다
좋은 차(茶) 만남은 잘생긴 선인을 접함이며
오롯한 작은 삶의 동반이다
차의(茶意)는 선의(禪意)라고 했던가!
흥겨운 사계절 우리 한민족과 함께한 꽃차와
약차들 수 없이 많다네…

득과 실이 없는 산수(山水)결에 마음을 비우며
차인의 인연을 차향(茶香)속에서 향유한다
맑은 마음을 다스려 바람을 이기니...
세상이 모두 아름다워라.

2011년 10월 23일
국향다원 창가에서

---

*광운공병 : 중국차 중 최고의 보이차인데 황제에게 바치던 차(1개 약 300만원)
*묵적(墨跡) : 차실에 걸어 놓는 이름있는 서예가의 좋은 교훈의 글. 일본 우라센케 다도에 서는 매일 그 묵적이 바뀌고 손님에게 그 뜻을 설명한다.
*유라차 : 일본 쓰루오카에서 나는 식용산초 중 하나 향이 백합향이 난다.

내 고향

세월이 바람을 타고
응얼거리는 소리를 들으며
내 고향 잊었던 게
어느새 40여년 고개를 넘는다

보개산 중턱에 있었던
호랑이 섬긴다는 설화의 산제사당
땅꾼과 뱀 전설이 묻어 흐르는
청솔가지에 걸린 적개골 폭포
내 전신은 늘 그 곳에 가있다

옻나무의 오색 활엽수 닮은 얼굴
좁은 산길에 산나물 뜯던 지난 날
신명나게 오빠들과
미꾸라지 잡으며 놀았던
곤말 등성의 추억이 그립다

명주치마가 찢어져 해 저물어서
몰래 집에 돌아오던 촌뜨기 그 시절
동구 밖에 서 있는 느티나무는
오늘도 역사를 말해주고

「동구제」 날 금순이 어멈 무당이
색동두루마기를 걸치고
징 위에 오르다가 칼(刀) 위에 오르고
신(神)기운을 자랑한다
무녀는 다시 양손에 곡괭이 작두날을 들고
나르다가 울다가 웃다가
신바람나게 춤을 춘다.

마리앙투아네트

오스트리아의 작은 소녀는
정략과 동맹의 도구로
프랑스 땅에서
왕비의 인생이 이어졌다

사치, 낭비, 향락은
그녀의 생활 속 취미였고
음모, 비판, 흉한 폭풍같은 시련은
그녀를 아프게 하였다
호화찬란한 베르사유 궁전의 기둥을
부여안고 흐느낀다

폄하되고 부당한 대우로 몸부림 쳐도
현실은 악의 순환이었다
화려한 자색 모슬린 드레스가 벗겨지고
흰색 참수복 드레스를 입고
처절한 단두대(Guillotine)에 오른다

외롭고 가여운 비운의 왕비, 마리앙투아네트
1793년 10월 15일 붉은 비가 내리던 날
단두대에서 38세의 생(生)을 거두었다

누가 그 인생을 보상해 줄 수 있을까?
위대한 신(神)이?
성부, 성자, 성신의 이름으로…

2012년 1월 25일
프랑스 역사 앞에 유린된
그녀의 인생을 동정하는 마음으로 이 글을…

시장

앙칼진 찬바람을 가르며 새벽시장에 나선다
새벽마다 술렁이는 동대문시장, 종로5가 광장시장
내가 장사꾼이 된 후에 나의 일터가 되는 난장이다

동대문 종합시장 아홉군데
남성패션, 부자재, 벨리옷집, 세나미싱, 영신사
모두 내 생명의 거래선들이다

광장시장 거래처 여덟군데
아름사, 고려사, 부영사, 예닮사, 우신자수,
남강직물, 구성사, 안동집
모두 정겨운 단골집들이다

빈대떡 먹자골목 지짐야채집,
팥죽집엔 외국인 관광객들로 넘친다
오후 세시 쯤이면 거리에
멋을 부린 악사 할아버지의 바이올린
연주가 시작되고 왁자지껄 박수사례
내가 짐이 많을 때 맡아주는 거리
달러 장수 할머니의 인심이 넘친다

좌 · 우 포목노점상들도
"오셨어요? 프랑스 천 있어요."
내 등뒤로 소리친다
"허참씨와 여러 연예인들 코디입니다.
멋진 와이셔츠 문양 필요해요."
성진셔츠집에 금빛살문양 옷도 의뢰하고
종로4가 위 세기모자집을 들어간다
"치타모자 다 되었나요?"
– 카드결재 OK!
오늘도 시장 속 상가들을 지나간다
"우리 국향 맞춘 것 납기일 좀 꼭 맞춰줘요."
억지 반 협박소리도 웃으며 대한다

청계천 다리 옆 장난감 가게 앞은 여러 트리들, 크리스마스
장식물들이 길을 덮고 있어 호화찬란하다

정(情)이 넘치는 내 일터 시장
내일 새벽은 남대문 시장 행군 계획이다
「시티상가」 지하 노랑머리 친구가 기다리니까…

2011년 12월 23일

환상의 남아프리카

왜바람이 지나는 자연속 요람
둥근 줄루족 원주민들의
작은 오션 house. I. 롯지에서
허기진 몸을 기대어 눕는다

연초록 이끼들이 토굴안 가득
숨어 있는 유충들을 보호하며
그 생명들이 월드컵 손님을
반가이 맞이한다.

부드러운 바람을 헤치며
산야화 꽃길을 한참을 걸어가니
불빛속에 토담집이 보인다

천정엔 야생의 수렵꾼들 역사의 자욱들
양탄자의 수가 가득히 넘친다
풍성한 고기, 열매, 과일이 지친 몸을
새 힘으로 채워주고

불꽃 발사기 쇼, 사냥 춤사위가
공중 위를 휙- 하고 돌아 감아
또 감아 돈다

신비의 광란, 용맹스런 축제는
밤 속에 묻히고

검은 여인의 정겨운 오방흔들 춤
원시 정취의 나랫짓이
한아름 가득한 세계인의 축제

우리 아리랑 전통 한민족의 꽹과리 소리
줄루족 금속악기의
대 놀이 화음을
검은 박쥐들이 함께 즐기고 있다
밤의 안개가 소복히 내리고...

2010년 6월 21일
남아공 월드컵 원주민 전통 민속촌 축제장

세월(歲月)

오늘도 가고
한주일이 또 가고
또 한달(月)이 가고
사계절
봄, 여름, 가을, 겨울
이제 12월의 숫자들이
석양 속에 붉게 타오른다

하루는 24시간
25시에 일어나 독백을
쏟아낸다

일년은 365일 흘러 굽이굽이
연륜의 고개 넘고 넘어
때로는 「할렘」가 미주로
때로는 중세의 중후하고 고풍스러운 유럽으로
때로는 큰 선인장나라 살벌한 남아공으로
때로는 온화한 중앙 아시아 여러 나라로
신(神)께서는 내가 큰 일을 하도록
인(印)을 치시고 힘을 주셨다

때로는 즐거웠고
때로는 아파서 울었었고
때로는 놀라운 감동도 느꼈었고
때로는 욕심도 부렸었다

가고 오는 세월 속에
떠나가는 친구들
먼 추억의 보따리는 가지고 가거라
세월 속에 유린당하지 말고
그 덩어리를 잡아 보거라

나 오늘
가는 해 종종걸음으로
쫓으며 그림자를 지우리라
미완성의 인생으로 작은 나그네의 여정의 행군도
세월과 함께 끝나지 않았다
아! 세월아!

2011년 11월 25일 25시(時)에...

태산(泰山)의 찬가(讚歌)

청청(靑靑)한 하늘(天) 아래
泰山의 몸둥이는 크기도 하여라
산봉우리 마다 수 억(億의) 비밀(秘密)을
간직한채...
우-뚝 그 몸짓을 드러내네
천하(天下) 제일 오대산(山) 신비(神秘)의 운기(運氣)가
우리를 감싸주고
정직과 위엄과 진실(眞實)을 우리들에게 알리면서
우리의 삶을 청산태산(靑山泰山)으로 인도(引道)하네
세계의 산중에 으뜸의 청아로움
인생의 티끌을 그 기운으로 씻으며
질투의 바람을 막느라 긴- 코트의 앞섶을 여미울 때
다시 뽐내 우는 우람한 자태(姿態)여
나 죽어 泰山에 넋이 되어 萬萬年 살고프네
세계평화를 기원(祈願)을 기원하며
산을 내려 올 때 無와 공(空)의 철학의 배움이었네
다시 들려오는 泰山의 메아리...
泰山 중에 泰山 나그네들이여...

날보려 오려거든 죄(罪)없이 정(湞)하게 다시
또 다시 오라며 손짓하네...

2005년 4월 5일
泰山의 孔子님상 앞에서 태산 초청 복식전을 마치고

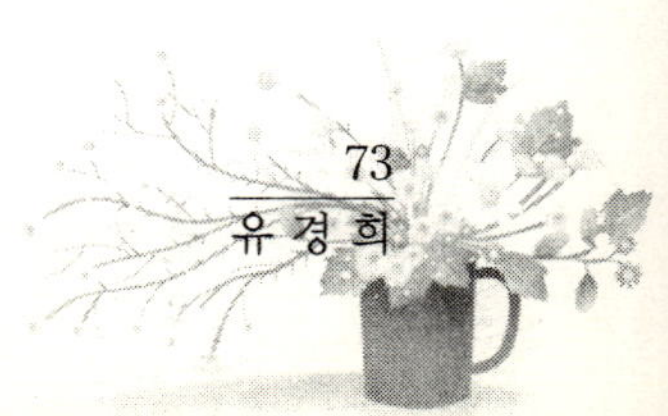

한(恨)풀이 춤을 금강산에서...

춤을 춘다
금강산 산정(山頂) 올라 춤을 춘다
하얀 수건 가느린 손끝으로 춤을 춘다
오색 물 한 바가지 고이 떠놓고서
이승에서 저승으로 오가며
조상님네 맺힌 한 풀어달라고
너울렁너울렁 춤을 춘다

산자수명(山紫水明) 봄엔 금강(金剛)
여름엔 봉래(蓬萊), 가을엔 풍악(風樂)
겨울엔 개골(皆骨)
법기(法紀)보살 사는 산인가
세계를 둘러싼 철위산(鐵圍山)인가

하야니 긴 명주수건 천무(天舞)는
온갖 잡귀 물리쳐서 천지신명
구천 외로운 영혼 불러 놓고서
돌아서며 눈물 씻어 주고
나아가며 손길 잡아 주고
물러서며 온몸 감싸안는
나비 같은 한풀이에

이승도 저승도 함께 어우러진다
분수령 서녘 내금강이 춤을 춘다
분수령 동녘 외금강이 춤을 춘다
외금강 남녘 계곡 신금강이 춤을 춘다
바닷가 해안 해금강이 춤을 춘다
금강산이 춤을 춘다

오이씨 하얀 버선발
나비도 멈출 듯 말 듯
이승의 손발 어깨가 녹아 내린다
이승에서 맺힌 한(恨)울 풀어 제친다

비로봉, 국사봉, 호룡봉, 차일봉
일출봉, 옥녀봉, 상등봉, 오봉산
산 너머 그리고 또 산 산 산
1만 하고 2천여봉이
큰 어깨를 들썩이며 한풀이를 토한다.

2000년 5월 20일
백두산을 다녀와서...

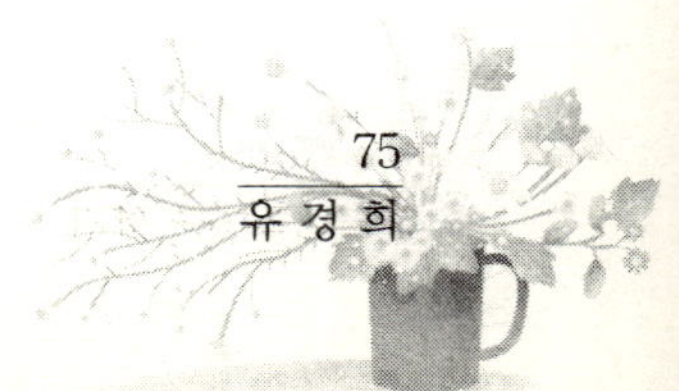

만추(晚秋)

석양이 지는 담양엔
죽향이 넘친다
하늘 위에 바다가
구름 위에 돛단배가
붉은 빛 자욱 낙조가
내 영혼을 뒤 흔든다

「소쇄원」 죽림사이로 쏟아내는 작은 빛이
마지막 동원을 긋고 사라지고
멀리서 온 친구는
좋아라 소리지른다

향원당(香遠堂) 토담 속
죽로차(竹露茶) 향 속에
다시 타오르는 정감
떠나기 아쉬워 감잎을
뜯어내며 타오르는
심경을 진정시킨다
재빛 고을이여!
나 그속에 안기리...

2011 10월 30일~31일
(서울, 담양, 곡성, 순천, 여수, 서울)
독일회장단들과 가을단풍 여행에서...

*가을 아침에 뜨는 Sunrise 해보다 저녁의 지는 낙조(해가 넘어가는) Sunset을 더 좋아한다.
*담양의 특산물 쌍죽공예는 옛 대갓집에서 자리로 쓰던 최고품이었다.

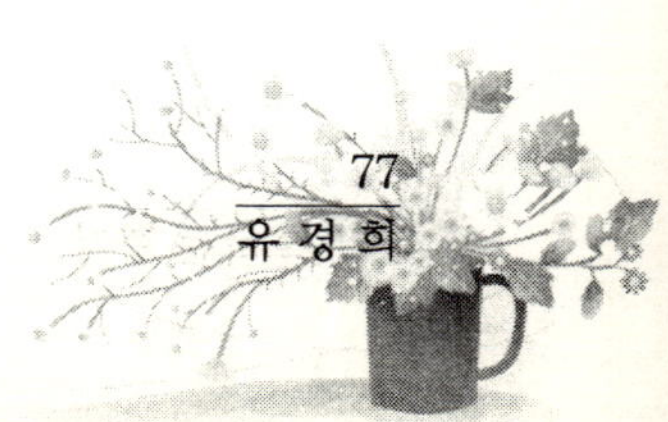

자갈치 시장

고기들이 축제를 벌인다
양푼 크기만한 붉은 돌문어
눈부시게 빛나는 은갈치
연분홍색 짙은 큰도미
눈 푸른 고등어들
두꺼비 등 닮은 큰 게 들이
야단법석 잔치가 한창이다

모두 자기 취향에 맞는
옷들을 멋지게 차려입고
입맛 도우미가 되어 객꾼을 반긴다
이리 오이소, 손님요
이것 좀 보이소
먹고 싶은 것 좀 사이소!
이런 저런 함성이 자갈치 마당을 울리고
그래도 가자미회에 술 한잔이 천하일미라

생선을 다듬던 뚱보 아줌마
비린내 나는 긴 장갑을 흔들며
오이소!
풍요로운 부산항 갈매기 높이 날아가고
자갈치 시장에는 뜨거운 정(情)이 넘치고 넘친다.

정병욱의 향기

정병욱

시인(월간 국보문학 시 부문 신인상 수상)
경주출생 육사졸업, 경남대 북한대학원 졸업
육군대령 예편
외교부 재외동포재단 국제교류부장
대한민국 재향군인회 해외사업단 부단장
영종뉴스 자문위원 한반도 미래재단 자문위원
미래행복포럼 조직위원장/ 사무부총장
관악실버케어 공동대표/ 사회복지사
한국문학신문 서울시본부 본부장/ 기자
松柏(송백)동인 부회장
국보시문학대학원 재학 中
국보시낭송협회 운영위원장
대한민국국보문학협회 서울시 지회장

우리 그냥

정말
우리 그러지 맙시다

우리까지 그런다면
어떻게 한답니까
우리 그러지 맙시다

제발 그러지 맙시다
하늘이 무너지는 한이 있어도

아무 일 아닌 듯이
그냥 살아 갑시다

아직도 초롱초롱
빛나는 눈망울이 있는데
우리 그냥 그리 삽시다.

장미

뜨락 가득 장미를 심고 싶다
햇빛에 출렁이는 파아란 숨결 위
요염하게 출렁이는 짙은 흑장미 속에
귀부인처럼 도사린 백장미

그 고운 꽃망울에 취해
소년처럼 한 번 뒹굴어 보고 싶다

화사한 내일을 꿈꾸는 것도 아니다
마음 붙일 수 없다하여 자꾸만 도망치지도 않는다

평탄하리라 바라지도 않는다
달아날 수 없는 불편함 속이라도
오래 머물러 빠져 보고 싶다

어느 한 순간
영원일 수 있는 날을 꿈꾸며
붉디 붉은
희디 흰
한 송이 장미로 살고 싶다.

투명 인간

보여 보여 보여

남정네와 여편네가 짝을 이뤄
천둥치고 뇌우 맞으며
한삼십년 살다보니

바람결 흔적만 있어도
실핏줄까지 다 보인다
서로
감정과 가슴에 묻은 언어까지 본다

여보 여보 여보

소망 I

세상을 다 먹어 치우고 싶다
온 강물을 다 마셔버리고 싶다
내 껍질처럼 지울 수 없는
이 허기

행여 옆집 아이와 같아질까
어미는
어제는 손으로 밀고
오늘은 수세미로 밀고
내일은 이태리 타올로 밀어도
씻기지 않는
이 저주

차라리
그 눈물에 씻겨
그 멍든 가슴에 안겨
그냥
문둥이 자식으로 살고 싶다.

삶의 무게

개미가 떼 지어 이동 한다
말라 육포가 된 지렁이 몸뚱이를
등에 지고

두꺼비 부부가 오랜 만에 큰 일을 했다
관악산 산책로 물웅덩이에 두꺼비올챙이가 한 다발 부화했다
크고 시커멓고 힘차게 꼬리 친다
미래 관악산 두꺼비 제국의 왕자 답다

비가 쏟아 진다
개미는 개미굴로 피신한다
두꺼비올챙이는 넘치는 물에 쓸려
길바닥에 내 동댕이 쳐진다

천둥 번개 비가 그친 뒤 물 웅덩이에는 올챙이가 하나도 없었다
개미부부가 두꺼비올챙이의 상여를 메고 간다
올챙이 부모가 두꺼비 눈을 부라리며 상여 뒤를 따른다
두려움에
빠른 몸짓의 개미부부의
삶의 무게가 더 무거웠다.

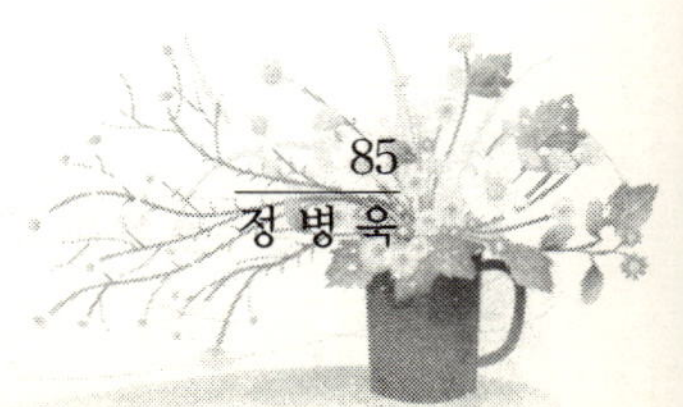

별똥별

덥다고 덥다고
아우성을 치다가
갑자기 와버린 초가을 밤

밝은 달과
소금기 품은 영종도 밤 바람이
바위에 드러누워 졸린 눈을 엷게 뜨고
은하수 속에서 내 별 찾아 이리 저리 눈 굴리다가

밤하늘에
흩뿌려 놓은 별 사이로
땅 따먹기 놀이하듯 큰 별 하나가
영종도에서 월미도로 길다랗게 유영한다

예전에 경주 반월성 계림 숲에
밤 산책 나갔다 본 그 별똥별이
사십년 만에 영혼의 뇌 세포에 각인 된다

마음속에 첨성대를 옮겨놓고
별들 속에 숨어 있는
어릴 적 친구들을 만나 본다

별 헤는 중에
밤 비행기 멀리 멀리 날아간다

그 비행기에 초등학교 친구들과 함께
태초의 처음 행성을 찾아

별나라 여행을 떠난다.

자살

에
실패한 자들이 모여 살아 가는 세상
오늘 밤도 청바지 궁뎅이 흔들며 명동 시가지가 비좁다

관악산 청명한 가을 밤 하늘
지구 테 둘레가 아름답기 그지 없구나
저 하늘의 은하계와 달과 별들이 불꽃놀이를
보여 주는 우주 공간에
난 용케도 살아 남아 이를 즐기고 있다

달 옆에 가장 밝고 영롱하게 빛나는
저 별 초신성은
이미 3년 전에 죽은 별이란다
죽기 전에 발한 빛이 광속도로 이 지구에 도달하는데
걸린 시간이 그러 할진데

나는 살아있는 몸인지
몇 년 전에 죽어있는 몸인지
알 길이 없다

내 혼을 초신성 옆으로 보내 거기서 나를 보게하자
죽어 빛을 잃은 별보다
그래도 지구에 까지 날아와 살아 빛나는 초신성이
더 장하고 아름답다

지구 테두리에 붙어
하루하루 부대끼는 청춘이
초신성보다 아름답다.

웃음

히죽히죽
웃는다

웃음에는 여러 모습이 있다

그냥 실 실 웃는다
하하하
호호호
흐하하
우핫하하
까르르

6 · 25 전쟁때 아군 적군 군인들이
덮치고 간 자리에
동네 처녀가 산발 머리에 찢어진 치맛 자락 잡고
히죽 히죽 웃는다

2 차 세계 대전 때 징용된 위안부 처녀들이
세상 모든 남정네들을 향해 히죽히죽 웃는다

보름 달 청명히 걸린 아파트 창가에
젊은 새댁이 애기 포대기에 들쳐 없고
호호호 까르르 얼르며 웃는다

탈북 모녀가 중국 땅에서 1000위안에
웃는다

나는 울음으로 내장을 찢으며 웃는다
푸 으~흐흐흑

마을과 내 누이를 지키지 못한
나란 남자는 울음으로 웃을 자격도 없다
크윽~끅~

사람 값

용케도
일제 식민지에서 살아 남았다
육이오가 터졌다
아니 인민 해방 전쟁이 터졌다
열아홉 나이에
자원해서 나라 지키러 나갔다

낙동강 전투 서울 수복작전 평양 탈환 압록강 전투
다 나 죽고 난 뒤 붙여진 전투 이름이다
난 거저 미군에게 얻어 입은 헐렁한 전투복 바지에
큰 군화와 내 키만한 엠완 소총 들고
적이 보이면 총 쏘고
얼어 비틀어진 주먹밥 한 덩이씩 먹고
밤낮으로 걸었을 뿐이고
어느 전선인지 잠 못 자고 보초 설 때
날아온 총알에 맞아 죽었을 뿐이다

무덤도 없이 죽어 드러 누워 있는 옆에서는
삼십년 동안 불도저로
죽어 있는 내 옆 흙을 까고 덮고 집을 짓고 부수고

난리들 치더만 어느날
갑자기 풍화된 내 뼈다귀를 일으켜 세우더니
“넌 오천원 짜리야” 라고 말해준다
난 오백원 짜리는 알아도 오천원 짜리는 모른다
전쟁 통에 죽은 자에게 주는 것이니 엄청난거겠지
하며 받아 왔는데
누런 것에 누구 얼굴 박은 돈 1장 주더라
짜장면 한그릇 먹고 나니 천원 거슬러 주더라

그래 오천원이면 족하지 머
내가 한게 뭐 있어
광주 사태때 옆에 어슬렁거리다 죽은 것도 아니고
부산 무슨 대학에서 화염병 던져 경찰 죽인 것도 아니고
서해바다에 배 몰고 나갔다 어뢰 맞아 수장 된 것도 아니고
그냥 육이오 때 총알 한방 맞은 거 뿐이 라요
그때 죽은 경찰 군인들은 10원도 못 받았다는데
난 횡재 한 거라 하네요

대한민국 국군은 죽어서 자랑스런 오천원짜리가 되었다.

외가 가는 길

일곱 살
외가를 간다
설흔살
친정 아버지 제사에 간다

보퉁이
머리에 이고
방망이사탕 입에 물고

경주시내에서
현곡까지
삼십리 길

비포장
너른 도로 양 옆으로
프라타너스가
환영 나온 병정마냥 도열 한다

외할머니는 집에 있었다
새하얀 쪽진 머리에 비녀 꽂고
버선발로 대청마루 가로 질러 달려 나와

외손자를 와락 껴안는다
한 손으론 엄마 손잡고
눈을 마주치며
두 분 얼굴에 어느새 소나기가
지나간다

쿵더쿵
쿵더쿵
디딜방아
외숙모가 삐져나온
찹쌀 떡을 밀어 넣는다

외손주는 디딜방아 손 줄을 부여 잡고
하나 두~울 세며
쿵더쿵
쿵더쿵
떡방아를 찧는다

꿩사냥 나갔던 외삼촌이
돌아오는 산기슭에
땅거미가 진다

호롱불 밝힌
부엌에선
제수 음식 냄새가
나를 배고프게 한다.

사우곡(思友哭)

나
태어 날 때 친구는 없었소

하여
나 죽을 땐 친구가 아무도 없었으면 좋겠소

나를
먼저 떠나 보내는 아픔까지
빚 지기는 싫소이다

나 죽을 땐
내 부고장을 받아 줄 친구가 아무도 없었으면...

친구여
짧고 굵게 살다간 너의 주검에
너무나 아파
할 말을 거꾸로 해 본다

난 가늘고 길게 살거야

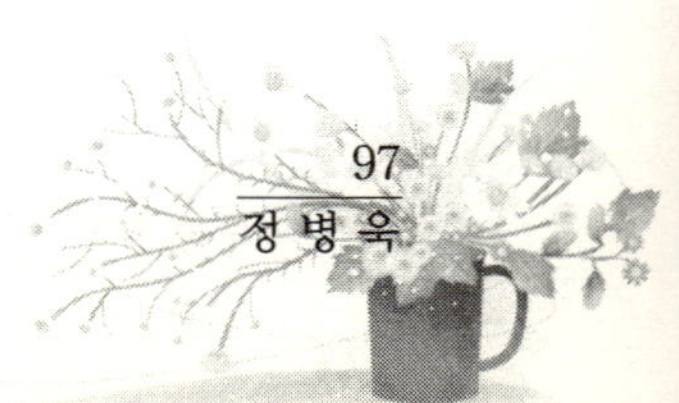

먼저 간 친구의 남은 수명을 더해서 살거야
더해 살거야

인생이
동그라민지 세몬지
노랑인지 파랑인지
그 기쁨의 모양도 알고
고통의 색깔도 알 나이에

자네가 먼저 가서
이리도 가슴 아리게 한단 말이고
문무대에서 너를 처음 만 날 때부터
너와의 운명적 만남이 시작 된거야
허나 그렇게 허망하게 헤어지다니

잘 가거라
친구야
하늘나라에서 잘 살아라
친구를 괴산 땅에

허망하게 세워놓고도

우기적 우기적
밥 잘 넘기고
오늘도 일상에 분주한

내가

밉기도 하고
장하기도 하다.

혼(魂)

죽어 있는 내 육신을 보기 위해
옆에 잠시 머물렀다

그동안 잘 빌려 입은 껍데기가
남루 하기 짝이 없네
그 동안 고마웠네 그려

이제 어데로 가야하나

영원히 여기에 머물 줄 알고
아무 준비 없이 빠져 나온 영혼은
친구들의 통곡 속에
계면 쩍어 하며 민 머리를 긁적이네

나 잘 있다 가는데 왜 울어
영혼을 태워 없애는 화덕은 어데 없던가

기독교는 천당이나 지옥에 가라 하고
불교는 연옥 하나 더 있다하네 환생도 된다하고
아서라 관둬라 뭔 욕심을

또

아예 혼을 영원히 없애주는
영혼 화장터나 찾아봐

아니면 태양 흑점 속으로 들어 갈까부다.

임금님 짝사랑

성은이 망극 하옵나이다

자갈치 아지매들 엽전놀이 하자며
잠시 눈 감아라 해놓고
임금의 중앙신하들과 타지방 관아 아전이 작당
돈 훑어간 뒤 입 싹 닦고
백성들 눈 가리기 여념 없네

통촉 하옵소서

이북이 고향이랍시고 이북 강도 임금 소굴에 소 떼 몰고 가서
같이 잘 사귀어 보자고 하던 할배 죽고
그의 통 큰 며느리와 금강산 일만 이천봉서 장사하자 해놓고
드나 들던 손님을 패고 쏴 죽이더니
아예 좌판 둘러 엎고 그 며느리 내쫓으니

상감마마 천세 만세 만만세
그 며느리 친정 와서 하소연하자
친정 동네 그 의형제들이 오히려 입을 삐죽이네
좀 더 주지 그려 그 형님이 보통 형님이가

같이 이름 석자 오르내리는 것만으로도 영광으로 알라며
들고 온 빈 깡통을 발로 내 지르네

성은이 망극 하옵나이다

어이 할꼬 저승 가서 조상님을 어이 봐
맘 주고 돈 주고 이제 더 줄 것도 없는데
에라이 인당수에 자맥질 물놀이나 가자꾸나

심청이를 용왕님께 데려다 줘라

용궁에도 해결사는 없었다
하여
심청이는 해녀로 다시 태어났다

흐히휴 피히유
오늘도 인당수에서 숨고르며 자맥질로 엽전을 모으고 있다.

딸 결혼식에서 아비 덕담

이제 에덴동산의 온상을 탈출하여
투박하고 거칠은 광야로 나감을
축하한다

부모에게 효도? 까이꺼 모두 잊어라
너희들은 태어나 커감으로서 부모에게 기쁨과
아름다운 행복감을
주었으므로 그것으로 효도 완료다

이제부터는 인류의 일원으로 역할을 하면된다
하늘 땅 바다 세상에 존재하는 어떠한 미물들도 때가 되면
짝을 찾아 한 영역을 이루고
종족을 번식하며 자연의 일부로서 삶을 누리며
자연을 풍요롭게 하는데 기여한다
그냥 대한민국의 국민으로 사회에 기여하며 살라는
통속적 애기가 아니란다

나란
나의 힘으로 생겨난 내가 아니고

나란
나만으로서 있을 수 있는 내가 아니며
나란
나만에 속한 내가 아님을
우주를 향해 크게 외치며 더불어 행복함을 위해 살기 바란다
너희 부부가 행복해야 지구촌의 모두가 행복 하단다

허나
너희들 결혼 때문에 새로이 생긴 인생 계급장이 조금은
원망스럽기도하다
너에게는 엄마이지만
나에게는 한없이 사랑스럽고 아직은 젊고
어여쁜 여인이 갑자기
장모 외할머니로 불리게 됨이 왠지 싫구나

딸아
너의 아름다움이 눈이 부셔 쳐다 볼 수가 없구나
아비가 아닌 인생 먼저 살아온 사람으로서 정말 축하한다
험한 광야에서 풍진노도 헤쳐 가며
한번 주어진 생을 멋지게 살거라 그리고 날마다 행복하거라.

함놀이 전투

함 사세요! 함을 사

신림동 고시촌 오십여년 만에 첨으로 함팔이가 왔다
사십오도 급경사진 오르막에 함진아비가 올라 오느라
가슴이 펄떡인다
고시 공부한다며 시끄럽다고 함놀이 전투를 못하게 하고
마땅히 시집갈 새악시 가진 집도 없이 오십년이 흘렀다

신부 집 진영에서는
조폐 공사에서 바로 나온 배춧잎 돈 세장씩을 넣은
봉투 실탄 40여장을 준비 한다

신랑 친구 청년 진영에서는
후퇴 불가 한발짝씩 통큰 전진 구호 새겨 넣은 가면을 쓰고
탕수육 안주에 고량주 털어 넣고 전열을 가다 듬는다

함 사세요! 함을 사
요지부동 함진 애비와 마부를 향해
신부 친구 처녀 돌격대가 투입 된다

처녀 총각들이 뒤엉켜 실랑이를 하더니
피아 구분이 모호하게 서로 통 성명하고 대화 중이다

신부 친구 중 막내 아가씨가 안주와 안동소주 술을 대령하여
몇 발자국 전진 시킨다
신부 오라비도 봉투 열장 깔고 전진을 유도 한다

신부 집 대문 앞에서 준비된 함지박을 밟아 박살을 낸다
신부아비 함을 받아 시루떡 채반 위에 올려 놓고
함진아비와 맞절 후 조상께 두 번 절 올리고
포로로 잡아온 함진아비 군사들에게 술을 하사 하는디
죠니워커 6리터 짜리 한 병을 따서 먹으니
한 시간 만에 전사자가 속출하여
방마다 한명씩 드러누워 함놀이 전투가 싱겁게 끝이 났다
신랑집 지휘본부 신랑엄마는 함보내 놓고
잘 도착했는지 궁금하여 밤을 새워 기다리는데
신랑아들도 거의 전사 직전이라 전황보고도 없어
집앞에 나와 서성이다
신부 오라비가 신랑을 배달하여
그날의 함놀이 전투는 끝이 났다

함에는 신랑 아버지 밀서가 두통 들어있었다
두통의 밀서를 잘 간직하며 결혼식 날까지
휴전에 돌입하였다.

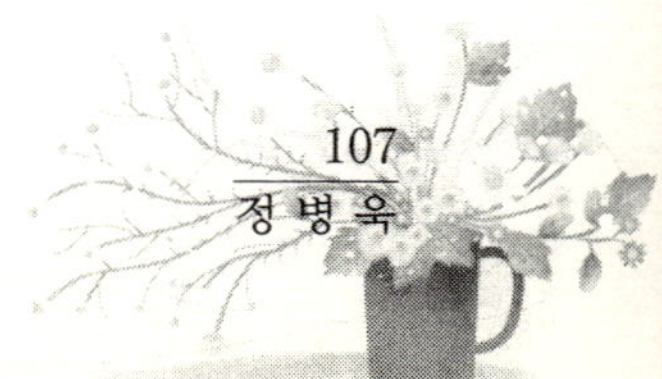

나애순의 향기

나애순

서울 거주
한양사이버대학 상담심리학과 재학 中
국보시문학대학원 재학 中
월간 국보문학 회원
松柏(송백)동인 총무

눈꽃

땅위엔 목화솜을 뿌리고
앙상한 가지는
하얀 털옷을 입는다

시샘한 바람이
거세게 밟고 지나가면
화들짝 놀란 세상은
신비에 잠긴다

햇살이 찾아와
멱을 감으면
털옷 입은 가지는
형형색색 무지개 꽃을 피운다.

마음의 정원

아름다운 정원을 꿈꾸며 꽃씨를 뿌린다
무성한 잡초들 사이로 힘겹게 고개를 든다
무언의 대화를 하며 잡초를 뽑고, 물을 준다
어느덧
바람이 찾아와 따스하게 감싸고
하늘은 폭죽을 터트린다
형형색색 꽃봉오리가 맺히고
나비는 춤을 출 준비를 한다
아름다운 정원을 축복하기 위해

봄날의 길목에서

세차게 불던 매서운 바람도 온화해지고
뿌리에 힘을 모았던 나무도 기지개를 편다
멈춘 듯 얼어 붙은 계곡물도
힘차게 소리 지를 준비를 하며 서서히 흐른다

엄마의 품속 같은 바람에 기대여
신록의 잎들이 다투어 솟아나고
창가엔 어느덧
봄날의 햇살이 따사롭게 쏟아지고 있다.

봄비

메마른 가슴 적시면
희미한 사랑 그립다
개나리 때 이른 꽃봉오리 터뜨리면
잔가지 수정 같은 봄비 매달고
큰 나무 젖은 어깨 움츠린다
나뭇잎에 떨어지는 빗소리 커지고
봄비에 귀 기울이면
가슴에 물 흐르고 꽃이 핀다.

부모 사랑

나 태어나
우리 부모 사랑하는 마음
소나기처럼 내리면
온 땅을 뒤덮고
강물처럼 흐르리라

나 우리 부모 사랑하는 마음
강물되어 바다로 흐르고
그 물이 사랑으로 변할 때
부모님과 한 몸 되어 살리라

어느덧 우리 부모
뒷모습 멀어질 때
나는 부모님의 고마움을
마음에 새기니라.

윤다솜의 향기

윤다솜

수필가(월간 국보문학 수필부문 신인상 수상)
제4회 한국문학신문 청소년 백일장 수필부문 대상 수상
제16회 전국청하백일장 대상(문화체육관광부 장관상) 수상
한국문학신문 '다솜이의 단상' 연재
월간 국보문학 회원, 한국문학신문 기자
(사)대한민국국보문학협회 청소년분과 위원장
동인문집 「내마음의 숲」 동인, 松柏(송백)동인
수필집 : 「다솜이의 단상」

너무나 겨울만 같았던 나의 사랑

나는 나의 사랑이 영원한줄 알았습니다

하얗게 내려앉은 겨울날처럼
우리의 사랑도 순백의 색을 띌 것만 같았고

따사로이 빛나는 겨울 햇빛처럼
우리의 사랑도 따듯할 것만 같았습니다

그러나 앙상해진 나뭇가지는
피어날 생명의 씨앗이 아닌
바스러지는 우리의 사랑이었고

차가운 겨울 바람은
눈물을 닦아 줄 손수건이 아니라
저물어가는 그대의 심장소리였습니다

한번만 더 그대와
하얗게 내려앉은 겨울날의 햇빛을 느낄 수 있다면

나는 나의 사랑이, 우리의 사랑이
영원한줄 알았습니다.

추야 풍성

가을 밤,
풀벌레소리 자욱한데
그리움 짙은 바람소리
창문을 두들기니

잠 못들어 뒤척이던
그리운 마음도 반가워
창을 열어젖힌다

있는 것은 그윽한 풀향기
부는 것은 바람뿐이라
그리운 내 님은 언제 오실까
가을바람에 내 마음
전해나 졌을까

오늘 밤도
구슬픈 내 마음,
바람타고 산등성이를
지나는 구나.

청음(聽音)

바람이 분다
봄바람
공연히 싱숭생숭한 심사

소리를 들어보려 한다
들리진 않는다
마음을 비워보려 애쓴다

음악을 듣다
청아한 피아노의 소리도
찾아내는 내 귀다

바람이 분다
피아노 소리보다 더 여리게
들어보려 애쓴다

음악은 귀로 느끼고
마음으로 듣는 것
봄바람도 필시 그럴 것이다.

그림자

저 멀리 어둠 속에서
그림자가 아른거린다

흐릿한 안개 너머에서
그대가 느껴진다

그대와 나는 서로의 그림자만을 지켜볼 뿐
안개를 헤치며 찾으려하지 않는다

시간이 흐르면 흐를수록
우리는 이렇게 익숙해져간다

금방이라도 터질 듯 했던
그날의 심장은 서서히 멈추어 가고

안개 너머 그림자에 익숙해져간다

그러나, 이 어둠이
서서히 거두어 질 것이라고 나는 믿는다

칠월칠석 견우와 직녀가
눈물의 검은 길을 걸어 만났듯이

저 멀리 어둠속의
그림자가 아른 거린다.

기다림

기다림이 아름다운 것은
설레임과 그리움이있기 때문입니다

기다림이 아름다운 것은
그대가 오는 발자국 소리와
그대를 보고픈 시선들이
있기 때문입니다

하지만 결국
기다림이 아름다운 것은
기다림의 마지막에
당신이 있어
기다림을 빛나게 하기 때문입니다.

조현철의 향기

조현철

서울대 졸업, 전)경향신문 수리논술 기자
월간 국보문학 회원, 松柏(송백)동인
국보시문학대학원 재학 中
전)중앙일보 섹션 뉴스클립 수학부분 기사 집필
강동구 명일동 [조현철수학학원] 운영
미발표 장편소설 「기차와 화살」
수학연구와 글읽기, 글쓰기에 몰두 中

어떤 귀가

막차들이 다니는 늦은 밤길
건널목이 멀다싶어 냅다 뛴 십이 차선
발끝에 채인 것은 과자봉지였던가
생니를 갈듯 쌩쌩 지나간 차들이 등뒤로 무섭다

간 밤 주름진 껍질을 열고 눈이 침침한 여자와
생굴을 먹었다
마른 오징어는 속초시 건조인 협회라 적힌 댓조각을 꽉 물고
아가미를 열어주었다
나는 바다와 그녀와 그녀의 삶을 안다고 생각했다

그러다가 비 내린 뒤 훌쩍 자라는 죽순처럼
주름진 그녀가 불쑥 자란다면 혹은
소금 먹은 얼갈이 배추 마냥
어깨와 등을 흐물흐물 오므리고 먼길을 떠난다면

미안하다 기다림이 뭔지 몰라
무턱대고 정류장에 서있는 사람처럼
급하게 내린 눈이 지루하게 녹는 것처럼

나 아닌 사람들이 사는 모습은
늘 경이로울 뿐

내가 아는 사람의 어깨나 등은 늘 쓸쓸하고
놀이터 언저리로 돌아간 발길은 콜라 병을 나발 부는 아이를 지난다
찬바람이 언덕에 기대는 자정을 넘기고

이미 알고 있는 기다림이 있다.

하루

큰 아이가 서둘러 학교로 떠났다. 식탁엔 듬성듬성 누런 국물이 늙은 물고기의 비늘처럼 볕을 쬐는 중이다. 젖은 식탁을 훔친 행주를 날개처럼 널어놓자, 5학년이 6학년을 밀어 올리듯 햇살은 미끄럼틀을 타고 성큼성큼 더듬이를 밀어왔다. 작은아이들의 재잘거리는 입김은 낮은 지붕을 밀어 올린다. 포장비닐에 쌓인 애호박을 열던 아내는 과일 조각 접시를 닮아간다. 어쩌면 막내의 긴 머리를 땋으면서도 집안 구석구석 구름을 쌓고 있을 먼지를 걱정하는지도. 요즘 아내의 사서함은 정수리를 싸고도는 흰 머리칼로 심란하다. 한 수저 뜨면 물엿처럼 길게 늘어지는 내 삶의 한 잎, 아내의 사서함을 들여다보듯 나는 또 한 生을 영원으로 엿보고 있다.

언덕의 시간

싸락눈 내리는 텅 빈 자정에도
무지개 같은 기지개를 켜려고 그대는
긴 날을 過勞하고
뜸뜸한 보리밥처럼 목마르게 눈뜨는
꿈도 꾸었네
乾조기두름 걸린 어물전을 지나고
물오징어 가득한 고무 다라이를 지났네
한 집 건너 또 한 집 골목을 돌며
본채를 빠져나간 곁채의 生을
구들 돌처럼 굴려 보았네
내 사랑 그대는
지난가을의 언덕 풀을 잊지도 않아
서늘한 진창에서 연꽃을 따오더니
무지개 같은 기지개를 켜려고 그대는
긴 긴 날을 과로하고
연약한 生의 밭을 긴히 갈았네
耕作하라 그대는
이승의 끝, 비탈을 마주한 호박덩쿨과
그대의 칭칭한 눈썹과 오래도록 갈지 않은 볏단지붕과
맨손으로 묻어야 할 우리의 棺을

꿈꾸는 자의 黃昏

바다를 등지고 돌아서던 태양이
장뼘만큼 더 멀어진 섬의 뒤란으로
열심히 돌아누울 때

방울비 튀겨 가는 地下의 창틀 너머
길길이 날뛰는 빛과 세 그루 잎진
나무를 그리며 돌아누워 쓰러지면

일생 한 번의 감동을 위해 오늘도
감동하지 않으며 땅으로 진 중년 사내
피로를 등짐 지고 지저분한 이불 속으로

이내 낀 가을의 골짝이었을까
소나무 장대들이 움막처럼 쌓였던 그 곳
뒷문도 없는 지하실엔 귀뚜라미 운다

그녀의 어깻죽지에 돋아난 날개와
그녀의 가녀린 몸피를 나비로 꿈꾸며
오늘은 세계를 임신한 둥그런 알(卵)로

창틀 넘어 날아 들어올 흙먼지
올려다본다. 이레 전에 떠난 것들 마저
다시 뒤돌아보지도 못하는 초저녁

이젠 가도 되겠지 도마처럼 드러누운
갯벌위 살얼음과도 같이 거웃처럼 돋아난
사람들 사이로 자꾸만 사라져가는 사람들
사이로

피안의 언덕너머 찰랑하는 보름달
여울물로 헹궈내며 누군가의 고귀한 피와
얼어붙은 눈물이 돌멩이처럼 박혀
타오르고 있는 곳
타오르며 있는 곳

갯벌

겨울 오후의 갈대가 외틀린다
저 쪽 바닷가에 돌아오지 못하는 섬이
바둥거리며 추위에 떨고 있다
미역 발도 김발도 제 물에 썩어 도지는
異常기온의 썰렁한 한나절
수평선이 아득히 멀어
돌아올 약속마저 아스라한
고기잡이 물귀신된 저승의 애비야
오늘의 시린 갯벌
고막 줍는 열 두 살 소녀의 온 몸이
온통 흑색이 되어있다.

작품해설

합동시집 「시가 흐르는 향기」를 읽고

성 기 조
(시인, 한국문학진흥재단 이사장)

1.

여섯 사람이 모여 합동시집을 간행한다.

책이름은 「詩가 흐르는 향기」, 무척 낭만적인 멋이 흐른다.

이들은 매주 수요일에 모여 시창작 공부를 하면서 열심히 시를 쓴다. 시인이라고 빈둥대면서 이리저리 몰려다니며 딴 짓을 하는 사람들이 많은데, 이들과 비교해보면 하늘과 땅만큼 차이가 난다. 우선 이들은 일주일에 한편씩 시를 써오는 정성도 그렇지만 작품을 대하는 태도가 진지하기 짝이 없다.

이만한 정성과 내공이 쌓이면 앞으로 크게 될 재목이란 믿음도 생긴다. 믿음이 있는 만큼 성공의 확률도 크다. 이러한 일은 이번 뿐 아니라 앞으로도 지속적으로 해나가야 발전된 모습을 갖게 될 것이다. 이 글에서 언급되는 시인들의 순서는 책의 편집에 따른 것으로 별다른 의미가 없다.

2.

최수연의 열 다섯 편중에서 몇 편을 골라 그의 시세계를 살펴보고자 한다.

해가 지면
나는 미사리 강가에 간다
달빛 받아 반짝이는
은물결 따라
한강 둑을 걸으면

-(중략)

미사리 한강에는
물위에 구름이 뜨고
바람이 살랑 이며
물 너울을 만든다.

-시 〈미사리 강가〉의 일부

천호동에서 한강 둑을 따라 창우리까지 가려면 미사리를 지나게 된다. 미루나무와 넓은 한강 물이 수평을 이루며 천천히 흐르는 남쪽에 미사리가 있다. 그 곳에 조정경기장이 있고 길가 양옆에는 찻집과 음식점이 즐비한 동네, 아름다운 미사리에서 잔잔한 마음을 굴리며 노래한다. 水平不流, 흐르지 않는 물은 소리를 내지 않는다.(지관스님의 말) 맑은 물이 강을 매워 가득 차면 明鏡止水. 흐르는 물이 거울 같다는 말이지만 최수연은 '달빛 받아 반짝이는 / 은물결' 따라 미사리 강가를 거닐며 '물위에 구름' 도 보고 '바람이 살랑 이는 물 너울' 도 본다.

고요하고 아름다운 풍광에 젖어 자연을 만끽하는 심정이 조화를 이루고 있었다.

바다가 그리워 / 해안 길 따라 걷는다 / 하늘 높이 나는 갈매기가 눈에 들어앉고 / 파도소리 간지럽게 귀를 긁는다

—시 〈경포대에서〉의 일부

한적한 산사 / 오솔길 걷다보니 / 실크처럼 스쳐 가는 가을 바람 / 사각사각 억새풀 부딪치는 소리 / 솔 향기에 취해

—시 〈가을 여행〉의 일부

예로 든 시가 모두 자연의 아름다운 조화에 대한 최수연의 체험이다. 자연과 더불어 사는 우리들은 자연과 어울려 살수밖에 없는 숙명을 지니고 있다.

깊은 산자락 / 해마다 때를 따라 / 아름다운 모습으로 / 우리 곁에 다가온 너! // 바스락 바스락 / 그리운 소리 / 수북이 쌓여 있던 숲으로 / 발걸음 재촉한다

—시 〈낙엽의 알몸〉의 일부

여름에 푸르고 싱싱하던 잎새가 단풍에 물들고, 드디어 땅위에 떨어져 낙엽이 된다. 바스락 소리가 나도록 물기가 마르면 부서져 흙이 되는 운명, 그 모습에서 사람(자신)과 연관지어 생각해 본다. 그야말로 영고성쇠, 성함과 쇠함이 뒤바뀌는 현상을 느끼면서 이 시를 지은 최수연의 생각은 애절한 마음의 파장을 떨쳐버리지 못하고 가슴을 매만졌을 것이다.

바람이 새겨 놓은 자리마다 / 산골짝 / 골 깊은 주름처럼 // 홀로 수백 년을 살았어도 / 차마 놓아두고 돌아설 수 없는 / 세월의 흔적을 쏟아내고 있다

—시 〈고목〉의 일부

허공에 몸을 던진 잎새 / 찬서리에 묻히고 / 하늘에 떠돌이 별 / 눈 뜬 체 잠드는 날 / 꿈을 꾸듯 눈이 내린다

—시 〈눈〉의 일부

흘러간 세월을 가슴에 간직하고 살면서도 앙상한 가지만 보이는 고목이나 '시립디 시린 바람에 / 가슴까지 얼어 버렸다' 는 눈의 이미지는 모두 세월과 관계가 있다. 그뿐인가 최수연도 나이를 먹으면서 살아간다. 젊은 날을 꽃나무에 비유한다면 나이들은 지금. 차츰 고목처럼 변해 가는 자신의 일생을 돌아보며 세월의 무상함을 생각하지 않을 수 없다.

그 뿐인가 '허공에 몸을 던진 잎새' 처럼 자신을 '찬서리에 묻히고 / 하늘에 떠돌이 별' 이 되는 것도 세월의 흘러감 때문이란 생각을 놓지 못한다.

때문에 모든 시인들은 자연을 자신들의 고향으로 생각하고 그곳에 몸을 의탁해서 살아가려고 한다. 최수연의 자연주의 사상은 자신의 육체를 던져 얻을 수 있는 유일한 희망이고 꼭 돌아가야할 고향처럼 생각한다.

최수연 시인은 깊이 있는 생각, 어울려 살려는 협동심, 그리고 성실성이 바탕이 된 시를 쓰는 사람이다. 그 만큼 그녀는 이 세상을 긍정적인 자세로 바라보면서 시창작에 전념하는 시인이다.

3.

박희균은 「국보문학」으로 등단한 시인이다. 작년에 등단했으니깐 공식적인 시력은 일년이 안되었다.

계절이 떠나고 있다
나뭇잎마다 깊은 사연을 안고

하나의 추억과 외로움
하나의 쓸쓸함과 고통을 안고

저마다의 그리운 사연들을
낙엽에 실어 떠나보낸다

—시 〈가을〉의 전문

구름 한점 없는 가을 하늘같이 심성이 맑다. 무릇 시인이 되는 사람은 마음이 맑고 깨끗해야 하지만 그 중에서도 박희균은 아주 맑은 사람이다.

가을에 지는 낙엽이 모두 나름대로의 사연을 가지고 떨어진다. 떨어지는 낙엽은 제각기 고통과 쓸쓸함을 안고 땅으로 돌아간다. 떨어지는 낙엽을 보고 많은 사람들은 자신들의 사연을 실어 보내고 싶다는 간절한 염원이 들어 있는 시이다.

얼굴은 해바라기가 되어 / 환하게 웃으며 / 나의 하루와 / 친구가 되어 본다

—시 〈나에게〉의 끝부분

아침에 일어나 스스로 자신에게 '예쁘다고 예쁘다고 / 괜찮다고 잘할 수 있다고 // 말하는 동안 / 마음은 풍선을 탄 것 같다' 고

말한다. 스스로의 생각을 보태거나 빼지도 않고 자신에게 최면을 건다. 잘할 수 있다고 다짐을 두면서 하루를 시작하는 박희균의 내면세계는 맑은 샘물 같다. 그런데 하루하루를 살아가면서 '더 예뻐 보이고/마음은 꽃물이 든 것 같다' 고 생각한다.

곱고 순결한 마음을 가지고 살아가는 사람들은 세상의 잡일에 관계하지 않는다. 그들은 스스로의 마음을 다스리며 경계하기 때문에 복잡한 세상일을 돌보지도 않는다. 시인의 깨끗한 마음이다.

나는 / 밤을 사랑한다 / …. (중략) 밤이 깊어 갈수록 / 슬픈 시와 같은 / 사랑은 깊이 깊이 빠진다 // 별빛과 고요히 흐르는 / 달콤한 밤은 / 자유를 꿈꾸게 한다

–시 〈스케치〉의 일부

나이가 들어도 소녀적인 생각에 머물고 있는 사람들을 순수하고 순진하다고 말한다. 중년의 나이인데도 이만한 생각을 가지고 시를 쓸 때면 마음이 여리고 깨끗한 것을 짐작케 한다. '슬픈 시와 같은 사랑' 에 빠지는 것을 '스스로 경계하지만 슬픔이 아름다워 '꿈꾸는 자유' 를 얻겠다는 소망을 나타낸다. 소녀적인 발상이다.

그러나 이런 순수한 생각과 발상이 없으면 시인으로 자랄 수 없다. 깨끗한 마음, 아름다운 생각, 흐트러짐이 없는 순결성이 보장되어야 좋은 시인으로 성장할 수 있다. 그런 바탕을 가진 사람이 시인이 되어야 한다.

시는 모든 글의 으뜸이다. 그리고 간결하고 아름다워야 한다. 때문에 시를 쓰거나 읽는 사람. 시를 공부하는 사람들의 삶은 고상하다.

그 별 속에서 / 신데렐라가 되어보고 / 잠자는 숲속의 공주가 되어보네 // 그 꿈에서 깨고 싶지 않아 / 그 별 속에서 떨어지고 싶지 않아 / 상상 속에서 / 아직도 나는 꿈을 꾸어보네

– 시 〈난 아직도 꿈을 꿔도 되나요〉의 일부

시의 제목이 암시하듯 일생을 꿈을 꾸듯 살아가고 싶다는 간절한 마음이 숨어 있다. 그래서 박희균은 신데렐라가 되기도 하고 잠자는 공주가 되기도 한다. 그런 꿈은 깨고 싶지 않아 계속 꿈을 꾸겠다고 간절한 마음이 지속되기를 바랄뿐이다.

시인을 가리켜 꿈을 만드는 사람, 또는 꿈을 꾸는 사람이라고 말한다. 이 말의 뜻을 잊지 않는다면 박희균은 시인으로서 적합한 생각을 가지고 있다.

내 가슴까지 적셔주는 / 그대 사랑 / 아쉬움 없도록 // 봄비로 그렇게 오세요

– 시 〈봄비〉의 끝부분

꿈꾸는 사람은 사랑도 간절한다. 사랑은 꿈을 윤활유로 삼아 살갑게 돌아간다. 때문에 '내 가슴까지 적셔주는 사랑을 봄비' 처럼 내리게 해달라고 바라고 있다.

박희균의 시는 한마디로 말하면 동시처럼 간결하고 소박한 표현을 빌려 시랑과 꿈, 그리고 순결성을 우려내어 성실하게 살아가는 소녀 같은 기품을 노래한다.

4.

유경희는 신명이 넘쳐나는 사람이다. 스스로 무당 끼가 있다고 말하면서 열심히 시를 쓰는 사람, 또한 다도에 깊이 빠져 동서양의 차(茶)를 연구하고 여러 나라를 왕래하면서 차(茶)에 관한 공부를 열심히 하고 많은 제자를 양성하고 있다.

또한 월드컵 축구 응원단장의 일도 맡아 해내니 '신명의 여인'이란 말이 맞다.

저 달빛의 힘으로
쓰러진 이 몸을 소생할 수 있다면
그 빛으로 내 몸에 들어있는
나쁜 물을 말릴 수 있다면
깊은 흔적이라도 좋다
얼룩 같은 것도 괜찮아
밤새껏 홑이불도 덮지 않을 거야

내가 조용히 잠들었을 때
외계인이 찾아와도 좋아
그 빛으로 지구 위
모든 생명들 살릴 수 있기를 소원하며
신께 복종의 기도를 올리리라

– 시 〈달빛 흔적〉의 일부

유경희는 2011년 8월에 강남 성모병원에서 혹독한 병마와 싸웠다. 그야말로 생명이 경각에 달린 위험한 고비를 넘기면서도 〈달빛 흔적〉과 같은 시를 썼다. 시의 끝자락에 스스로 밝힌 병명은 급성심부전증. 심장이 붓고, 폐에까지 복수가 차서 등을 뚫고 복수를 빼내는 수술을 보름 가깝게 해냈다고 적고 있다. 의지가 강한 유경희는 어려운 고비를 넘기고 새로운 생명을 찾아 그 기쁨으로 시를 썼다. 달빛의 힘을 받아 소생했는지 모른다는 짐작은 맞다. 달은 생산과 양육의 뜻을 지녔다. 그래서 옛날부터 달을 향해 빌었고 새로운 생명을 점지해 달라고 비나리를 했다.

'모든 생명을 살릴 수 있기를 소원하며 / 신께 복종의 기도를 올리리라' 는 생각은 유경희의 결심을 내비치는 대목이다.

아우슈비츠(Auschwitz)에 / 눈물이 폭포처럼 내린다 / 신의 자손들 / 그 귀한 생명들 수백만이 / 가스실에서 죽어갈 때 / 정의도 사라졌고 / 위대한 신은 잠자고 있었다

– 시 〈오슈비엥침 (Oswiecim) 강제수용소〉의 일부

2006년, 독일 월드컵이 개최될 때 히틀러가 유태인을 강제로 학살한 현장을 둘러보고 쓴 가슴 아픈 시이다. 이 시의 마지막에 나오는 히틀러의 만행은 세계역사 앞에 용서 받을 수 없다고 쓰는 유경희의 인간애는 시인만이 갖는 특권은 아니다. 이웃간에 성실하게 살아가는게 우리들의 삶의 근본이라면 세계의 모든 인류는 사랑과 평화, 손에 손잡고, 가슴을 맞대고 뜨겁게 사랑하면서 살아가야 옳다. 그러나 역사는 무자비한 독재자를 보내 수없는 생명을 빼앗아 가는 일도 겪게 만든다. 불행이 극치이다. 그 때문에 인류는 그런 악랄한 행동이 일어난 곳을 기념하여 생생한 학습장소로 만들기도 한다.

세월이 바람을 타고 / 응얼거리는 소리를 들으며 / 내 고향 잊었던 / 어느새 40 여 년 고개를 넘는다. //…. (중략) 옻나무의 오색 활엽수 닮은 얼굴 / 좁은 산길에 산나물 뜯어 지난 날 / 신명나게 오빠들과 / 미꾸

라지 잡으며 놀았던 / 곤말 등성이의 추억이 그립다.

– 시 〈내 고향〉의 일부

경기도 안성, 곤말이란 동네, 등성이에 펼쳐진 고향을 그리워하는 유경희는 이 시를 쓰면서 스스로 신명에 젖는다. 산에서 산나물 뜯고 오빠들과 신명나게 놀았던 추억이 눈앞에 펼쳐진다. 춤추고 뛰놀던 지난날이 눈앞에 나타난 기쁨을 감출 수 없어 동구제를 지내던 날을 회상한다. 무당이 색동 두루마기를 입고 징 위에 오르다가 칼 위에 올라 신 기운을 자랑하는 것을 보았던 일을 회상한다. 그 무당의 신기가 오늘의 유경희를 있게 했다고 생각한다. 신명은 사람을 행복하게 만든다. 그리고 어떤 일에 집중할 수 있게 만든다.

때로는 즐거웠고 / 때로는 아파서 울었고 / 때로는 놀라운 감동도 느꼈었고 / 때로는 욕심도 부렸었다.

–시 〈세월〉의 일부

유경희가 살아 온 세월에 대하여 쓴 시다. 세계 여러 나라를 누비면서 바쁘게 살아 온 것을 일목요연하게 정리했다. 결과는 만족스럽게 삶을 살아왔다고 스스로 느끼는 그녀는 행복한 노년을 맞는다. 때로는 즐겁고 때로는 아파서 울었지만 놀라운 감동을 받고 욕심도 부렸다는 대목에 이르면 행복한 삶이었음을 스스로 느끼게 될 것이다.

인생의 삶은 바로 이런 것이다. 흐르는 물이 때로는 소리내며 흐르다가 어느 때는 웅덩이처럼 흐르지 않는다. 그 잔잔할 때 거울 같은 아름다움을 느낀다. 세월과 흐르는 물은 시인이면 누구나 한번쯤 자신의 생각과 연관지어 시의 주제로 삼는다.

신명을 가진 사람들은 스스로 감정을 자제할 줄 안다. 격랑처럼 흐르는 물도 잠시 쉬어가듯 잔잔한 물줄기로 변하게 한다. 유경희의 시적 감정은 자유자재로 조절되고 있다는 것을 그의 시에서 발견할 수 있다.

비로봉, 국사봉, 호룡봉, 차일봉 / 일출봉, 옥녀봉, 상등봉, 오봉산 / 산너머 그리고 또 산 산 산 / 1만 하고 2천 여 봉이 / 큰 어깨를 들썩이며 한풀이를 토한다.

–시 〈한(恨)풀이 춤을 금강산에서〉의 일부

금강산을 오르고 쓴 시이다. 무척 감동스러웠지만 통일되지 못한 한풀이를 금강산에 내 쏟고 있다. 세계의 명산이 통일된 조국에 있어야 하는데 북쪽에 있는 게 한이다. 그러면서도 유경희는 현실을 받아들여 모든 술픔을 내면세계로 받아드린다. 감정의 조절이다. 시인들은 감성의 작용도 알맞게 이루어내는 조절능력이 있어야 한다. 유경희는 이 부분에서 단연 타의 추종을 불허한다.

5.

정병욱은 육사를 나와 대령으로 예편한 군인이다. 이제는 시를 쓰는 시인이니 문무를 겸비한 사람, 별로 말이 없는 경상도 사나이지만 시적 감성은 예민할 만큼 발달한 사람이다. 경주가 고향으로 어려서부터 문학에 관심을 가졌었다는 말을 듣고 시인이 될 수밖에 없는 운명을 지녔다고 생각되는 사람이다. 지금까지 성실하게 살아 온 삶이 시창작에 큰 도움이 되었을 것이다.

평탄하리라 바라지도 않는다.
달아날 수 없는 불편함 속이라도
오래 머물러 빠져 보고 싶다.

어느 한 순간
영원일 수 있는 날을 꿈꾸며
붉디 붉은
희디 흰
한 송이 장미로 살고 싶다.

–시 〈장미〉의 끝부분

장미꽃의 아름다움을 한껏 순결하게 노래하고 있다, 순결과 아름다움으로 지칭되는 장미를 자신의 삶과 연결 지어 노래한 이 시에서 우리는 정병욱의 순결한 마음을 읽게 된다.

'뜨락 가득 장미를 심고 싶다 / 햇빛에 출렁이는 파아란 숨결 위 / 요염하게 출렁이는 짙은 흑장미 속에 / 귀부인처럼 도사린 백장미' 처럼 이 세상에서 우뚝하게 돋보이고 싶은 마음, 그리고 그 속에서 '고운 꽃망울에 취해 / 소년처럼 한 번 뒹굴어 보고 싶다' 는 시적 화자는 순결과 순수를 짝하여 꿈꾸듯 살고 싶은 욕망을 지니고 있다.

예전에 경주 반월성 계림 숲에 / 밤 산책 나갔다 본 그 별똥별이 / 사십년 만에 영혼의 뇌 세포에 각인 된다 // 마음속에 첨성대를 옮겨놓고 / 별들 속에 숨어 있는 / 어릴 적 친구들을 만나 본다.

–시 〈별똥별〉의 끝부분

예로 든 시는 화자가 어려서 고향(경주)에 살 때 체험한 추억을 잔잔한 어조로 이야기하고 있다. 어렸을 때의 기억이기 때문에 더욱 아름답지만 꽤 나이가 들고도 잊지 않는 기억이라면 정병욱은 지금까지 순수한 삶과 순결한 생각을 지니고 소년처럼 꿈꾸듯 살아 왔다는 추측이 가능하다, 〈별똥별〉의 마지막 부분을 보면 '밤 비행기 멀리 멀리 날아간다 // 그 비행기에 초등학교 친구들과 함께 / 태초의 처음 행성을 찾아 / 별나라 여행을 떠난다' 라고 적고 꿈만 같다. 밤비행기가 비추는 흐르는 불빛을 별똥별과 같은 위치에서 생각을 정리하는 정병욱은 추상성을 살리면서 이 시를 지었다. 때묻은 사람에게서만 찾을 수 있는 낭만이 아닐 수 없다.

그냥 육이오 때 총알 한방 맞은 거 뿐이 라요 / 그때 죽은 경찰 군인들은 10원도 못 받았다는데 / 난 횡재 한 거라 하네요 // 대한민국 국군은 죽어서 자랑스런 오천원짜리가 되었다.

―시 〈사람 값〉의 끝부분

6.25때 전사한 군인의 보상금이 당시의 법에 따르면 지금 돈 5천 원에 해당한다나, 이 돈을 지급한다고 신문과 방송에서 대서특필해서 국민들의 분노를 산 게 엊그저께 같다. 5천 원이면 설렁탕 값에도 미치지 못한다. 그래서 〈사람 값〉이란 시제목이 붙여진 것 같다.

정병욱은 군인이었다. 그가 느끼는 이 사건은 남다를 수밖에 없을 것이다. 아무리 60년 전의 법령이라고는 하나 나라를 지키다 죽은 목숨에 국가가 보상하는 돈이 5천원이라면 말이 되는가? 옆을 살피지 않고 앞만 보고 살아온 정병욱의 정의감은 분노에 가깝겠지만 그래도 참고 해학과 익살을 섞어 이만하게 쓴 것은 성격이 정직하고 온순하기 때문이다.

〈思友哭〉이란 시가 있다. 친구를 생각해서 쓴 노래라면 思友曲이겠지만 죽은 친구를 위한 슬픈 글이기에 울음이란 뜻의 哭이란 글자를 쓴 게 분명하다.

친구여 / 짧고 굵게 살다간 너의 주검에 / 너무나 아파 / 할 말을 거꾸로 해 본다 //….(중략) 문무대에서 너를 처음 만 날 때부터 / 너와의 운명적 만남이 시작 된거야 / 허나 그렇게 허망하게 헤어지다니.

– 시 〈思友哭〉의 일부

육군사관학교에서 '운명적으로 만났던' 친구의 죽음을 애도하는 글이다. 젊었을 때의 우정을 기리며 친구를 애도하는 심정이 군인답게 잘 드러나 있다. 이 시를 읽으면서 느낀 점은 죽은 친구의 무덤 앞에 비석을 세우고 그 자리에 참석한 뒤에 쓴 것 같다. 삶과 죽음을 분명하게 가른 이별의 뜻이 담긴 몇 줄의 글이 '허망하게' 느껴졌다는 말이 가슴을 아프게 한다. 그래도 산사람들은 밥을 먹고 분주한 일상을 살아낸다는 구절에서 '내가 // 밉기도 하고 / 장하기도 하다' 는 정병욱의 성격이 가슴을 메우는 슬픔으로 다가 온다. 귀중한 목숨을 초개같이 여겨야할 군인세계, 그 파란만장한 세월을 살아내면서 아픈 기억이나 즐거웠던 기억이 많았겠지만 삶과 죽음의 경계에서 느낀 젊은이들의 우정을 노래했기에 더욱 값지다.

어이할꼬 저승 가서 조상님들 어이 봐 / 맘주고 돈주고 이제 더 줄 것도 없는데 / 에라이 인당수에 자맥질 물놀이나 가자꾸나

– 시 〈임금님 짝사랑〉의 일부

금강산 관광에 얽힌 이야기를 정병욱의 시각으로 정리한 시

이다. 사회 비판적 요소를 담아 해학적으로 표현하고 있다. 복잡한 세상일과 얽힌 것들이 정병욱의 셈법으로는 확실히 이해할 수 없기 때문에 쓰여진 것 같다. 사회를 비판하는 이런 글은 고도의 지식과 판단력이 없이는 불가능하다. 정병욱의 한결같은 순수성과 쾌도난마와 같은 정직성을 바탕으로 보면 불가사의한 점도 있기 마련이다.

외손자를 와락 껴안는다 / 한 손으론 엄마 손잡고 / 눈을 마주치며 / 두 분 얼굴에 어느새 소나기가 / 지나간다

– 시 〈외가 가는길〉의 일부

일곱살 때 어머니 손을 잡고 외가에 간 기억을 더듬어서 시를 지었다. 가족의 따뜻한 마음과 평화가 깃든 글이다. 사랑과 평화는 성실성이 있어야 가능하다. 가족구성원 모두가 하나같이 사랑으로 얽혀있고 따뜻한 모습을 느끼게 한다. 순결하고 순수 지향적인 시인들은 이런 따뜻한 주제를 사랑으로 노래한다.

정병욱은 섬세한 감성으로 사랑, 신의, 성실, 정직을 기둥 삼아 삶의 주변에서 시의 주제를 찾는다. 훌륭하다.

6.

동시적인 눈길을 가지고 여리고 순수한 시쓰기에 힘을 기우리는 나애순의 시는 읽는 이의 마음에서 긴장감을 빼낸다.

땅위엔 목화솜을 뿌리고
앙상한 가지는
하얀 털옷을 입는다

– 시 〈눈꽃〉의 첫머리

늦겨울이나 이른 봄에 이런 광경을 보게될것이다. 현대시에서 시쓰기 공부를 하려면 우선 본대로 쓰는 방법과 느낀 대로 쓰는 방법, 그리고 본대로 쓰는 방법에 느낀 대로 쓰는 방법을 가미해서 쓰는 법을 훈련하게 된다.

나애순의 시는 본대로 쓰는 방법이 기둥이 되어 동시적인 순수함을 풍기는 작품이다. 흰눈이 대지를 덮은 것을 목화 솜을 뿌려놓은 것 같다. 앙상한 가지가 하얀 털옷을 입었다는 표현은 어떤 잡스런 생각이 없다. 때문에 자연현상을 사진을 찍듯 그려낸다.

메마른 가슴 적시면
희미한 사랑 그립다
개나리 때 이른 꽃봉오리 터뜨리면
잔가지 수정 같은 봄비 매달고
큰 나무 젖은 어깨 움츠린다
나뭇잎에 떨어지는 빗소리 커지고
봄비에 귀 기울이면
가슴에 물 흐르고 꽃이 핀다

–시 〈봄비〉의 전문

이런 시를 읽으면 그림을 보듯 눈앞에 자연현상이 나타난다. 군더더기나 복잡한 양상이 없는 깨끗한 풍광, 자연의 아름다운 모습을 시로 표현해 냈다. 시인의 순수한 마음을 볼 수 있다.

7.

윤다솜은 국보문학에서 수필로 등단한 사람이다. '한국문학신문' 청소년 백일장에서 대상을 수상했고 제16회 전국청하백일장에서 문화부장관이 주는 대상을 받기도한 재원, 요즘은 시공부에 열을 올리고 있다. 시는 모든 문학의 중심에 있는 장르이기에 시공부를 잘하면 수필도 출중하게 쓸 수 있을 것이다.

저 멀리 어둠 속의
그림자가 아른거린다

흐릿한 경직된 안개 너머
그대가 느껴진다

–(중략)

시간이 흐르면 흐를수록
우리는 이렇게 익숙해져간다

–(이하 생략)

– 시 〈그림자〉의 일부

예로 든 시는 소녀적 시상을 가지고 윤다솜이 완성시킨 작품이다. 어둠 속에서 아른거리는 그림자 같은 것, 그것이 사랑의 대상이 될 수밖에 없는 것은 아직 사랑에 관한 구체적 체험이 없기 때문이다. 때문에 시간이 흐르면 흐를수록 익숙해질 것이지만 기대는 구체적인 대상이 아니라 막연한 생각에 속한다, 흰 색깔의 화선지와 같은 마음이다. 물감이 떨어지면 아름답게 배어나는 화선지의 순수함, 그런 마음의 소유자가 윤다솜이다. 때문에 시가 쓰여지는 첫째 요건은 순수한 마음이요, 찬찬한 관찰이다. 이 두 가지 경로를 거쳐 생각이 익어야 좋은 시를 쓸 수 있다. 〈그림자〉를 읽으면서 느끼는 것은 순수, 순결, 그리고 희망찬 만남의 기대가 될 것이다.

기다림이 아름다운 것은 / 설레임과 그리움이 / 있기 때문입니다 // 기다림이 아름다운 것은 / 그대가 오는 발자국 소리와 / 그대를 보고 싶은 시선들이 있기 때문입니다 (이하 생략)

–시 〈기다림〉의 첫부분

앞에서 말한 〈그림자〉와 〈기다림〉을 읽으면서 이 두편의 시가 손바닥과 손등처럼 뗄 수 없는 관계에 있다는 것을 알게 되었다. 사랑은 기다림이다. 기다림이 있어야 곰삭는다. 바로 이런 생각이 사랑을 원만하게 성숙시킨다. 마찬가지로 인생의 삶도 기다림이 있어야 한다. 오랜 시간 참고 기다리는데서 참마음과 참사랑이 샘솟는다.

8.

조현철의 시〈하루〉 외 4편을 추천한다. 수학을 전공해서 아이들에게 수학을 가르치는 사람이다. 많은 기간을 시인이 되기 위하여 습작했다는 그의 말을 새기고 보내온 작품을 읽었다.

시어의 선택이나 표현이 뛰어나다. '작은 아이들의 / 재잘거리는 입김은 낮은 지붕을 밀어 올린다' 든지, '미역발도 김발도 제물에 썩어 도지는 / 異常기온의 썰렁한 한나절 / 수평선이 아득히 멀어 / 돌아올 약속마저 아스라한 등의 구절은 얻기 어려운 싯귀이다. 시공부보다 수학을 가르치는 일에 열중해야 되는 사정을 조금은 뒤로 미루고 시쓰기에 분발하기를 바랄뿐이다.

수학은 밥을 먹게 하지만 좋은 시를 쓰는 일은 올곧은 사람을 만드는 일이기에 더욱 중요하다.